CHAQUE PIÈCE, 20 CENTIMES. THÉATRE CONTEMPORAIN ILLUSTRÉ MICHEL LÉVY FRÈRES, ÉDITEURS,
411e ET 412e LIVRAISONS.   RUE VIVIENNE, 2 BIS.

LE COMTE DE LAVERNIE

DRAME EN CINQ ACTES ET HUIT TABLEAUX

PAR

M. AUGUSTE MAQUET

REPRÉSENTÉ POUR LA PREMIÈRE FOIS, A PARIS, SUR LE THÉATRE DE LA PORTE-SAINT-MARTIN, LE 18 NOVEMBRE 1854.

DISTRIBUTION DE LA PIÈCE.

LOUIS XIV.	MM. LUGUET.	LAMBERT	QUINCHE.
LE MARQUIS DE LOUVOIS.	BRÉSIL.	KRIMPENS	BEAULIEU.
GÉRARD DE LAVERNIE.	BARON.	UN CAPITAINE, UN COURRIER	EDOUARD.
JASPIN.	DESHAYES.	DEUX HUISSIERS	{ MASSE.
LE PRINCE D'ORANGE.	CLARENCE.		{ LANSOY.
VAN-GRAAFT.	AMBROISE.	DEUX COURTISANS	{ MONET.
DESBUTTES.	VALNAY.		{ CHARLES.
LACOBERGE.	MERCIER.	GUESWELDE	HENRI.
AMAURY.	FEBVRE.	LA MARQUISE DE MAINTENON.	Mmes GUYON.
LE BARON STANLEY.	ANATOLE.	LA COMTESSE DE LAVERNIE.	LUCIE-MARIRE.
OWERKERKE.	ADLER.	ANTOINETTE DE SAVIÈRES.	LIA FÉLIX.
RUBANTEL.	BRÉMONT.	NANON.	ASTRUC.
LAFRESNAYE.	PEUPIN.	DAME GOTSCHALK.	BLIGNY.
VILLEMUR.	DORVILLE.	LA SUPÉRIEURE.	LOUISE.
DE SAILLANT.	BRUEL.	UN PAGE.	MORIN.
LE MANSEAU.	VISSOT.		

ACTE I.

PREMIER TABLEAU.

Une salle du château de Lavernie en Argonne. — Vaste cheminée surmontée du portrait de Mme de Maintenon. — Grande porte au fond. — A droite, porte de la galerie conduisant à la chapelle. — Plus loin, toujours à droite, grande fenêtre ouvrant sur le jardin, dont les arbres ombragent le balcon. — A gauche, porte des appartements de la comtesse. — Le soir vient.

SCÈNE PREMIÈRE.

LA COMTESSE, assise ; JASPIN, sur l'échelle, dans le jardin, cueillant des cerises.

JASPIN, chantant.
Sur les bras de la treille,
A la grappe vermeille,
L'oiseau...

LA COMTESSE.
Dieu me pardonne, Jaspin, c'est vous que j'entends là ?

JASPIN.
Moi-même, madame. L'air vous fait du bien à la poitrine, n'est-ce pas ?

LA COMTESSE.
Sur ces petites branches !.. Vous allez tout briser.

JASPIN.
Oh ! par exemple ! (Il chante.)
L'oiseau léger...

LA COMTESSE.
La branche craque... Voulez-vous descendre !

JASPIN.
Ne craignez rien, madame la comtesse, je suis comme l'oiseau. (La branche casse, il se rattrape à l'échelle et tombe à terre, son habit déchiré.)

LE COMTE DE LAVERNIE.

LA COMTESSE.
Vous êtes insupportable; je vous l'avais défendu... Vous ne savez faire que des sottises.

JASPIN.
Oh! madame...

LA COMTESSE.
Faut-il que vous soyez gourmand pour vous exposer ainsi, à propos de quatre cerises, dont les oiseaux ne veulent plus!... Allons, venez ici.

JASPIN, *s'accoudant sur le balcon en dehors*.
Madame, ce n'est pas pour moi que je cueille ces cerises, et si les oiseaux n'en veulent plus, les poissons en veulent bien.

LA COMTESSE.
Les poissons!

JASPIN.
Il y a dans les vannes du moulin de gros poissons, qu'on appelle des meuniers, à cause du voisinage probablement. Ces animaux sont très-friands de cerises mûres. J'introduis dans la cerise un hameçon... J'attache l'hameçon à une ficelle, la ficelle à un scion de troëne, et je prends quelquefois cinq ou six de ces meuniers, qui pèsent trois livres, l'un dans l'autre.

LA COMTESSE.
Eh bien! après?

JASPIN.
Eh bien! madame, savez-vous que dix-huit livres de poisson se vendent un écu?

LA COMTESSE.
Vous vendez du poisson chez moi!... Ah! Jaspin, vous avez décidément tous les vices. Et que faites-vous de cet argent-là? Fi! j'espérais qu'ici vous ne manquiez de rien.

JASPIN.
Dieu merci, non... Aussi n'est-ce pas pour moi que j'amasse.

LA COMTESSE.
Mais alors...

JASPIN.
Madame, c'est un marché que j'ai passé.

LA COMTESSE.
Avec des marchands?

JASPIN.
Oh!... avec un portrait. (Il indique le portrait.)

LA COMTESSE, *saisie d'étonnement*.
Le portrait de madame de Maintenon? (Elle se lève.)

JASPIN.
Oui, madame, en allant l'autre mois à la ville, j'ai vu chez un tapissier un beau cadre surmonté d'une couronne dorée. Cela m'a fait venir une idée.

LA COMTESSE.
Laquelle, bon Dieu?

JASPIN.
J'ai mesuré le cadre, qui semble fait exprès pour cette toile, et alors, en revenant ici, je me suis approché de la peinture, à qui j'ai dit: Moi, Jaspin, précepteur indigne des jeunes messieurs de Lavernie, je m'engage à te faire cadeau d'un cadre à couronne d'or... mais à une condition.

LA COMTESSE.
Miséricorde! il est fou.

JASPIN.
Pourquoi donc? Est-ce qu'on ne dit pas que madame de Maintenon a épousé le roi? Est-ce que, par conséquent, elle n'est pas reine? Est-ce qu'un portrait de reine peut se passer d'une couronne?

LA COMTESSE.
Ce mariage, Jaspin, est un des mille bruits qui courent; on le dit et nul ne le sait; et puis, d'où vous vient cet enthousiasme pour la marquise?

JASPIN.
D'abord, c'est une amie de votre jeunesse... Ensuite, le cadre est un peu usé pour une si grande dame.

LA COMTESSE.
La marquise fut mon amie, Jaspin, autrefois; mais maintenant, pour moi, cette peinture n'est plus qu'un souvenir effacé comme l'amitié de celle qui m'en fit présent, vieilli, comme elle et moi nous le sommes.

JASPIN.
On dit qu'elle est restée belle.

LA COMTESSE.
C'est qu'elle n'a pas, comme moi, perdu, en un an, un mari adoré, un fils chéri. C'est qu'elle ne tremble pas, comme moi, pour les jours du fils qui me reste, mon Gérard, que, peut-être, en ce moment, une balle ennemie frappe au cœur à l'armée de monsieur de Catinat. Mais je me trompe, Jaspin, la marquise a dû souffrir aussi... Qui sait?... Ses douleurs ont peut-être surpassé les miennes. Elle serait restée belle et jeune, au milieu des grandeurs, des ambitions, des remords!... Non, non, couleurs passées, visages ridés, amitiés dénouées par l'oubli... tout cela, comme le cadre, a perdu sa dorure.

JASPIN.
Pardon, madame, vous avez dit des remords... Pourquoi la marquise en aurait-elle?

LA COMTESSE, *vivement*.
J'ai dit cela?... Je me suis trompée... Des remords!... Non, non... Que madame de Maintenon soit fière, ambitieuse, oublieuse même, ce sont des péchés de cour... Je ne saurais lui en reprocher d'autres. Elle est inattaquable, Jaspin.

JASPIN.
C'est bien ce que je disais... et ce que vous m'avez toujours appris à dire, madame la comtesse.

LA COMTESSE.
Mais revenons à vos cerises, à vos poissons et à votre marché avec la marquise. Quelle condition mettez-vous, je vous prie, à l'achat du cadre neuf, quand vous faites la conversation avec le portrait?

JASPIN.
Celle que toute la France ferait comme moi; je lui dis: Oh! madame, débarrassez-nous de monsieur de Louvois.

LA COMTESSE.
Si déjà madame de Maintenon n'a pas vaincu Louvois, son mortel ennemi, elle n'y parviendra pas. Il est trop tard.

JASPIN.
Quoi! Elle ne peut pas dire au roi...

LA COMTESSE.
Que Louvois ravage et brûle toute l'Europe, qu'il noie l'incendie dans le sang, qu'il fait exécrer en tous lieux le nom de Louis Quatorze.

JASPIN.
Eh bien! mais, si elle disait seulement cela.

LA COMTESSE.
Il est des crimes dont le résultat s'appelle la gloire! Jaspin, l'homme qui a incendié le Palatinat et converti les Cévennes, n'est pas un roseau que puisse courber le souffle d'une femme. Louvois est debout; il finira par renverser madame de Maintenon.

JASPIN.
La femme du roi!

LA COMTESSE.
Qui n'ose seulement pas déclarer son mariage... Ainsi, mon bon Jaspin, renfermez prudemment votre colère contre le puissant ennemi de votre reine anonyme. Piquez des meuniers avec votre hameçon, mais ne vous attaquez pas à un ministre de la guerre. Songez que Gérard, mon fils, est au service; que sa fortune, son avenir, sa vie, dépendent de monsieur de Louvois; songez que le petit Amaury, mon neveu, un enfant de quinze ans, fait ses premières armes à l'armée de Catinat, sous la protection de Gérard, et que nous ne sommes déjà pas trop en faveur. Louvois a des espions partout; Louvois sait tout, il peut tout... Ménagez mon fils et mon neveu, Jaspin; plus un mot de ces folies. La comtesse de Lavernie peut appeler Louvois un bourreau, mais la mère du comte Gérard l'appelle un grand ministre, un grand homme... Tenez-vous-le pour dit.

JASPIN.
Ho! ho!

LA COMTESSE.
Eh! quoi?

JASPIN.
Il ne faudrait pas, tout grand, tout puissant qu'il est, qu'il s'avisât de toucher à mon élève.

LA COMTESSE.
Parce que?...

JASPIN.
Parce que madame de Maintenon est là.

LA COMTESSE.
A quel propos défendrait-elle Gérard? Qu'a de commun madame de Maintenon avec M. de Lavernie? Enfin!...

JASPIN.
Madame, en qualité d'ancienne amie.

LA COMTESSE.
Amitié oubliée, nous venons de le dire.

JASPIN.
Cependant, madame, elle vous répondit une lettre bien obligeante en vous envoyant son portrait, il y a treize ans, quand vous lui écrivîtes pour lui annoncer la mort de votre fils.

LA COMTESSE, *vivement*.
De l'un de mes fils.

JASPIN.
C'est ce que je voulais dire ; je sais bien que vous aviez deux fils, madame, puisque c'est moi qui les ai élevés.
LA COMTESSE.
Jaspin, vous êtes irritant aujourd'hui : vous mettez à tout propos, dans vos discours, un entêtement, une gaucherie, une sorte de malice...
JASPIN.
De la malice, moi !... oh !
LA COMTESSE.
Vous me voyez rompre la conversation dix fois, eh ! bien, vous y revenez avec rage. Je n'ai pas besoin qu'on protège mon fils Gérard. Gérard est à moi seule ; il sait se diriger ; c'est un gentilhomme accompli, et si personne ne lui fait des ennemis à plaisir, il a toujours été un peu lourd. je des protecteurs ? Madame de Maintenon m'a écrit une lettre obligeante ; oui. Elle m'a envoyé son portrait, d'accord. Eh ! bien , sa lettre est serrée précieusement dans mon coffre, le portrait est à la place d'honneur dans mon salon, et je ne vous empêche pas de le gratifier d'une couronne. Mais, n'en parlons plus, et allez chercher ma tapisserie et mes Heures que j'ai laissées dans le pavillon du parc.
JASPIN.
J'y vais, madame ; ne vous fâchez point ; vous savez que la moindre émotion vous rend malade... Sans rancune, n'est-ce pas ? Vous ne sauriez douter de mon cœur...
LA COMTESSE.
Eh ! non, mon bon Jaspin ; mais je doute beaucoup de votre esprit, il a toujours été un peu lourd.
JASPIN.
C'est vrai ; mais, depuis vingt-cinq ans, vous avez dû vous y accoutumer. Je vais chercher vos Heures, madame. (il sort.)

SCÈNE II.
LA COMTESSE, seule.

Pauvre Jaspin ! je l'ai rudoyé... Je me figure toujours qu'il sait quelque chose; comme si ces bons gros yeux étaient capables de voir... Oui, voilà vingt-cinq ans, ce soir, qu'il arriva devant la porte du château, maigre, affamé, souriant. J'étais seule.. mon cher mari, à l'armée avec M. de Turenne... J'errais doucement inquiétée par l'approche des vagues douleurs qui sont l'espoir des mères... Jaspin, n'osant me demander l'aumône, se proposa comme précepteur.—Mais je n'ai pas d'enfant, lui dis-je.—Oh ! madame, cela ne tardera pas, répondit Jaspin, qui voyait ma taille pesante, mes traits altérés ; et cette nuit peut-être.—Priez Dieu que j'aie un fils, mon cher mari serait si heureux! Priez bien, et si j'ai un fils, vous serez son précepteur. Demain matin, venez savoir notre sort à tous deux. Jaspin sortit, je l'oubliai. La nuit était belle, étoilée, il pria et s'endormit sur les gazons du parc. Cette nuit-là, Dieu m'envoya un fils. Bon Jaspin, que j'accuse d'insouciance, de simplicité ; mais s'il eût veillé cette nuit-là, au lieu de dormir, il eût compris, le lendemain, pourquoi deux enfants au lieu d'un reposaient près de mon lit dans le même berceau ; s'il eût été un esprit au lieu d'un cœur, il eût peut-être deviné le nom de celle à qui j'ai sauvé l'honneur et la vie ; il eût deviné ce secret qui n'est pas le mien, ce secret dont la révélation peut briser aujourd'hui une existence illustre et m'enlever le seul bonheur qui me reste en ce monde. (joignant les mains et regardant le portrait avec mélancolie.) Oh ! Françoise d'Aubigné, veuve Scarron, amie et maîtresse du grand roi, marquise de Maintenon, reine de France, sois heureuse, sois puissante ; si puissante et si heureuse que ta mémoire enivrée rejette à jamais le souvenir de cette nuit ! Tu as la beauté, la richesse, la couronne, tu ne peux plus rien désirer... laisse-moi Gérard ! Que Dieu t'accorde d'entendre longtemps les peuples t'appeler leur reine ! qu'il m'accorde à mon dernier soupir d'entendre Gérard m'appeler sa mère !

SCÈNE III.
LA COMTESSE, JASPIN.

JASPIN.
Madame... Ah ! madame, il se passe d'étranges choses dans le parc.
LA COMTESSE.
Quoi donc ?... Vous êtes tout pâle.
JASPIN.
Je ne voudrais pas vous effrayer... mais... cependant.
LA COMTESSE.
Dites toujours.
JASPIN.
Dans le parc, il y avait un homme... un homme caché.
LA COMTESSE.
Un malfaiteur !...

JASPIN.
Un scélérat !... du côté de la porte dérobée, je l'ai aperçu... une manière de géant...
LA COMTESSE.
L'abbé, la peur vous aura troublé le cerveau.
JASPIN.
La peur !... voyez !. Lambert et vos gens l'ont saisi, ils l'amènent... nous allons le juger.

SCÈNE IV.
LES MÊMES, LAMBERT, DESBUTTES, DOMESTIQUES.
LAMBERT, poussant Desbuttes dans l'appartement.
Nous le tenons, nous l'avons !
LA COMTESSE.
Cet homme...
LAMBERT.
Nous nous sommes glissés le long des allées, sans bruit, et au moment où il allait fuir par-dessus le mur, nous l'avons traqué comme un renard.
DESBUTTES, à part.
Comme un imbécile !
LA COMTESSE.
Mais que faisait-il ?
DESBUTTES, de même.
Que répondre ?
JASPIN.
Il venait pour voler, pour assassiner peut-être ?
LA COMTESSE.
Oh !...
LAMBERT.
Monsieur Jaspin a raison, madame.
DESBUTTES, à part.
Jaspin ! Jaspin !... Mais oui, parbleu, le précepteur des fils Lavernie... c'est lui !... et je l'avais oublié !... Ah ! ceci change la situation.
JASPIN.
Il faut qu'il réponde... si nous le mettions un peu à la question ?
DESBUTTES, à Jaspin.
A la question ! Ah ! vous êtes bien dur, mon parrain !
JASPIN.
Parrain !
LA COMTESSE.
Parrain !
TOUS.
Parrain !
JASPIN, à Desbuttes.
Qu'est-ce que c'est que cette mauvaise plaisanterie ?
DESBUTTES.
Eh quoi ! vous ne reconnaissez pas votre filleul Desbuttes, votre petit Desbuttes ?
JASPIN, le repoussant doucement.
Vous ?
DESBUTTES.
Dame !
JASPIN.
C'est que c'est vrai pourtant... c'est bien sa laide figure.
Bonjour, parrain... je suis bien flatté de vous voir, je vous ai assez cherché depuis ce matin.
JASPIN.
Où donc ?
DESBUTTES.
Partout ! Je passais devant le château, j'ai voulu revoir mon bon parrain.
JASPIN.
Mais il n'était pas difficile de m'y trouver, au château.
DESBUTTES.
Il fallait demander.
JASPIN.
Eh bien ?
DESBUTTES.
La timidité...
JASPIN.
Mais vous êtes bien entré jusqu'au fond du parc.
DESBUTTES.
Je me suis glissé petit à petit.
JASPIN.
Au lieu de parler à quelque domestique ?
DESBUTTES.
Quand on est timide...
LAMBERT.
Monsieur Jaspin a là un vilain filleul, nous le surveillerons.
(Il sort emmenant les gens.)

LA COMTESSE, à Jaspin.
Quoi! c'est réellement ce filleul dont vous m'aviez parlé et que vous fîtes baptiser par charité chrétienne?
DESBUTTES.
Oh! oui, madame, par charité, c'est bien vrai... j'étais un pauvre garçon déjà grand, que tout le monde chassait... Monsieur Jaspin vint à passer dans le village...
JASPIN.
Oui... oui... par malheur.
DESBUTTES.
Avec sa commère.
JASPIN.
Hein?
LA COMTESSE.
Comment?
DESBUTTES.
Une commère bien avenante, ma foi.
JASPIN, à part.
Coquin! (haut.) Madame, c'était une personne qui passait aussi et que j'avais rencontrée. (A part.) Oh! moi, qui cachais cela!
DESBUTTES.
Jeunes et lestes, bras dessus, bras dessous... je les vois encore.
LA COMTESSE.
Ah! ah! bras dessus...
JASPIN.
Pour tenir l'enfant, il fallait bien...
LA COMTESSE.
Monsieur Jaspin, ne mentons pas.
JASPIN.
Madame, je vous assure que le hasard seul... Mais qui est-ce qui lui demande tout cela? qu'est-ce qu'il vient faire ici?
DESBUTTES.
Comment va ma marraine, parrain?
JASPIN.
Vous êtes un drôle... je vous dis que j'avais rencontré, sans la connaître, celle qui vous a servi de marraine, comme par hasard, aussi, je vous ai servi de parrain... je ne l'ai jamais revue, je ne la connais pas.
DESBUTTES.
Tout ce que je sais, c'est qu'elle s'appelait Nanon, comme vous Étienne... puisque je m'appelle Anne-Étienne Desbuttes.
LA COMTESSE, à Jaspin.
Allons, allons, cette rencontre avec la jolie commère... un petit péché de jeunesse, que vous ne m'aviez pas confessé... vous êtes donc capable de cacher quelque chose, vous?
JASPIN, regardant Desbuttes de travers.
Ah! petite vipère!
LA COMTESSE.
Il faut prendre soin de ce garçon, tout en le surveillant, n'est-ce pas? car tout ce qu'il dit n'est pas fort naturel.
JASPIN.
Oh! non, ce n'est pas naturel. (La cloche tinte.) Vous me quittez, madame... je voulais vous expliquer...
LA COMTESSE.
Je vais à la chapelle demander à Dieu le salut de mon fils et la rémission de vos péchés.
JASPIN.
Vous me laissez seul avec lui?
LA COMTESSE.
C'est votre filleul, arrangez-vous-en.
JASPIN.
Oh! ce sera bien vite fait!... mais, croyez bien, madame...
(La Comtesse sort, il la reconduit en s'excusant.)

SCÈNE V.

DESBUTTES. (A peine sont-ils sortis, que Desbuttes va pousser la porte de la chambre voisine et cherche curieusement partout.) Puis JASPIN.
DESBUTTES.
Décidément, le comte Gérard n'est pas au château. Comment, brute que je suis! au lieu d'escalader le mur, au risque de me rompre le col et de me faire écharper par cette valetaille, comment ne me suis-je pas souvenu de ce bonhomme Jaspin! Je serais entré tranquillement par la grand'porte; on m'aurait choyé toute la journée, et je saurais ce que monseigneur m'a chargé de savoir.
JASPIN, revenant.
A nous deux maintenant; répondez net: — Que venez-vous faire ici?
DESBUTTES.
Mais je l'ai dit: vous voir, mon parrain.
JASPIN.
Me voir? En vous cachant dans le parc, au lieu de me faire appeler, comme feraient tous les honnêtes gens?

DESBUTTES.
J'espérais que vous passeriez à ma portée; j'aurais allongé la main, j'aurais dit: Eh! parrain, bonjour!
JASPIN.
Desbuttes, vous ne devez pas être si bête que vous en avez l'air; je vous avais fait placer chez monsieur de Harlay par une personne de mes amis. C'était une bonne condition pour un mendiant comme vous... vous n'y êtes donc plus?
DESBUTTES.
Monsieur de Harlay est un homme qui n'a pas de soin. Il perd toujours quelque chose, et on accuse les domestiques d'avoir trouvé... C'est humiliant, je l'ai quitté.
JASPIN.
Et où allez-vous comme cela?
DESBUTTES.
Je voyage.
JASPIN.
Eh bien, continuez.
DESBUTTES.
Vous me chassez!
JASPIN.
Je ne suis pas ici chez moi.
DESBUTTES.
Voilà comment vous protégez votre filleul, quand vous avez juré avec la main sur ma tête...
JASPIN.
Des filleuls comme vous se protégent bien eux-mêmes; ainsi buvez un coup, graissez vos bottes, et en route.
DESBUTTES, à part.
Je ne peux pourtant pas partir que ce bretteur de la Goberge ne m'ait relevé de faction! (Il pleure.) Heu!
JASPIN.
C'est peut-être tout bonnement un crétin.
DESBUTTES.
Heu! si j'avais ma marraine Nanon!
JASPIN.
Encore! Allons, tais-toi, et suis-moi.
DESBUTTES.
Mais j'ai faim?
JASPIN.
Tu mangeras.
DESBUTTES.
Mais je suis las!
JASPIN.
Tu dormiras.
DESBUTTES.
Bon!

SCÈNE VI.

LES MÊMES, LAMBERT, puis LA GOBERGE.
LAMBERT.
Un courrier! un courrier qui vient de Savoie.
JASPIN.
De la part du comte Gérard peut-être; amène, amène!
DESBUTTES, à part.
La Goberge!
LA GOBERGE, à part.
Ah! Desbuttes! (haut.) J'ai, en effet, une lettre pour madame la comtesse, de la part de monsieur le comte Gérard de Lavernie.
JASPIN.
Ah! mon ami, quelle joie! qu'on prévienne madame!... Non, j'y vais moi-même. Attendez, mon ami... qu'on lui donne à boire, je cours. (A Desbuttes.) Je reviens. (Il part.)

SCÈNE VII.

DESBUTTES, LA GOBERGE.
LA GOBERGE.
Eh bien!
DESBUTTES.
Rien de nouveau.
LA GOBERGE.
Le comte Gérard n'est pas revenu?
DESBUTTES.
Non.
LA GOBERGE.
Il ne reviendra pas. Il reste à l'armée: cette lettre à sa mère nous a tout appris. C'est le cousin Amaury, le petit chevalier, un enfant, qui vient à sa place enlever la jeune novice.
DESBUTTES.
Un enfant! vous en aurez meilleur marché. Ainsi, je n'ai plus rien à faire ici... Où est monsieur de Louvois?
LA GOBERGE.
A cent pas du couvent des Filles-Bleues, avec main forte.

LE COMTE DE LAVERNIE.

Aussitôt qu'il aura fait coffrer le chevalier, tu partiras pour Valenciennes, où monsieur de Louvois veut cacher la jeune personne de façon à ce qu'on ne la reprenne plus. (On apporte du vin à La Goberge, qui s'escrime du poignet comme s'il parait et ripostait.)

DESBUTTES.
Monsieur de Louvois amoureux, je n'y crois guère. Ne fais donc pas toujours le même geste, tu me fais tourner le cœur.

LA GOBERGE.
C'est le geste de l'homme d'épée !

DESBUTTES.
Amoureux ! Cet homme-là n'a jamais eu le temps d'aimer que ses canons.

LA GOBERGE.
On voit bien que tu ne l'as pas vu comme moi, en Hollande, à Rotterdam, il y a dix-sept ans, quand il s'appelait le facteur Borssmann, et que, tout en dévalisant ces braves mynheers de leurs munitions de guerre, il faisait la cour à la belle et riche madame Van-Graaft, pendant que le mari se promenait aux Indes.

DESBUTTES.
Eh bien! Borssmann ou non... s'il a aimé une fois, c'est un tour de force qu'il n'aura jamais recommencé.

LA GOBERGE.
Alors, qu'est-ce qu'il peut vouloir à cette jeune fille ?

DESBUTTES.
Réfléchis donc, homme d'épée que tu es, que quand on veut se faire aimer d'une femme, on ne l'enferme pas dans un couvent. Au surplus, tu ne me comprends pas, je ne veux pas me comprendre moi-même; quand il s'agit des affaires de monsieur de Louvois, gare les doigts, cela brûle. Que m'ordonne le maître ?

LA GOBERGE.
Pars sur-le-champ. Va l'attendre à la ville prochaine.

DESBUTTES.
Bien. Mais arrête ta main.

SCÈNE VIII.
LES MÊMES, LA COMTESSE, LAMBERT, puis JASPIN.

LA COMTESSE.
Une lettre de Gérard, dites-vous Voyons, voyons !

LA GOBERGE.
Voici, madame.

LA COMTESSE.
Oh ! mon Gérard ? c'est bien son écriture. — Vous l'avez vu, vous lui avez parlé !

LA GOBERGE, à part.
Diable !

LA COMTESSE.
Vous êtes un de ses cavaliers peut-être ?

LA GOBERGE.
Homme d'épée, certainement, madame.

LA COMTESSE.
Êtes-vous fatigué ? Voulez-vous loger ici ?

LA GOBERGE.
Impossible, madame, je dois repartir sur le champ.

LA COMTESSE.
Alors, veuillez accepter... (Elle lui donne une bourse. — Il tend la main.)

DESBUTTES, le voyant tendre la main.
Il paraît que les hommes d'épée n'ont pas toujours le même geste.

LA GOBERGE.
Mille grâces, madame. (bas à Desbuttes en passant devant lui.) Et toi ?

DESBUTTES, à la Goberge.
Je ne tarderai pas. (La Goberge sort.) (A part.) Tout à l'heure, j'insistais pour rester; maintenant, il faut trouver le moyen de me faire jeter à la porte. — Oh ! je l'ai trouvé.

JASPIN, à Desbuttes.
Allons ? Voulez-vous vous rafraîchir ?

DESBUTTES.
Je n'ai plus soif.

JASPIN.
Venez-vous vous coucher ?

DESBUTTES.
Je ne me coucherai pas, monsieur.

JASPIN.
Comment ?

DESBUTTES.
Je suis timide, mais fier, et quand on me reçoit mal, je...

JASPIN.
Vous...

DESBUTTES.
Je m'en vais...

JASPIN.
Mais je ne vous ai pas mal reçu.

DESBUTTES.
Je vous laisse aux prises avec votre conscience.

LA COMTESSE, agitée après avoir lu.
Jaspin, renvoyez cet homme.

JASPIN.
Mais, madame, il s'en va.

DESBUTTES.
Adieu, monsieur et cher parrain.

JASPIN, brusquement.
Bon voyage. (A Lambert.) Conduisez-le dehors.

DESBUTTES.
Voilà, ce que je voulais. (Il sort avec Lambert.)

SCÈNE IX.
JASPIN, LA COMTESSE.

JASPIN.
Qu'avez-vous, madame ? comme vous êtes agitée !

LA COMTESSE.
Oh ! Jaspin !... quelle lettre !... quelle nouvelle !

JASPIN.
Quoi donc ?

LA COMTESSE.
Lisez !

JASPIN, haut.
« Mère bien-aimée, nous voici à Staffarde, et malgré les fatigues, ma santé est bonne, celle d'Amaury meilleure encore. » Eh ! bien, c'est excellent, cela. (La Comtesse fait un geste d'impatience.) « Monsieur de Catinat s'apprête à livrer bataille au prince Eugène, et tout fait croire que nous approchons du grand jour. » Hum ! « Chère et bonne mère, qui, depuis la mort de mon père et de mon pauvre frère, avez concentré sur moi tout votre amour, je viens faire appel à ce cœur inépuisable. Je touche à une crise solennelle de ma vie. » Sans doute, cette bataille, c'est une crise, mais, à part cela, tout va bien. Pourquoi vous troubler ainsi ? (La Comtesse lui arrache la lettre.)

LA COMTESSE, lisant.
« Laissez-moi vous ouvrir mon âme... J'aime une jeune fille sans parents, sans fortune, mademoiselle Antoinette de Savières; victime depuis son enfance d'une persécution mystérieuse, fatale, qui révèle un ennemi puissant, on veut l'obliger de s'ensevelir dans un cloître... Elle s'y refuse, et m'a écrit pour me demander secours; or, à la veille d'une bataille, officier, je ne puis quitter mon poste, et c'est le vingt-sept août qu'elle doit prononcer ses vœux... »

JASPIN.
Demain !

LA COMTESSE.
Demain !... (Continuant.) « J'ai tout avoué à monsieur de Catinat, qui m'a permis d'envoyer quelqu'un en France à ma place. Amaury vient de partir; il est bien jeune, mais brave, adroit; il m'aime et il voit mon désespoir. Il saura aider mademoiselle de Savières à sortir du couvent. » Un rapt !...

JASPIN.
Un sacrilège !...

LA COMTESSE, continuant sa lecture.
« Chère mère adorée, c'est ici que je vous implore. Pour que je fasse mon devoir dans la bataille, il me faut un peu de sécurité... d'espoir... Il faut que de mademoiselle de Savières libre et heureuse. Oh ! ma mère, c'est une belle et noble fille, une âme digne de la vôtre; vous me connaissez, je n'eusse pas choisi une femme dont ma mère ne pourrait s'enorgueillir... Eh bien ! daignez recevoir, abriter, protéger celle qu'Amaury conduira dans vos bras; et si je dois tomber dans le combat comme mon père, je vous bénirai de m'avoir fait la mort moins douloureuse; et si Dieu me ramène vivant à Lavernie, j'aurai pour vous tant de baisers, de respects, de reconnaissance, que je saurai vous payer le bonheur de toute ma vie... » Ah ! Jaspin, mon ami... que faire ?... que penser ?... Gérard est perdu !

JASPIN.
Un vrai coup de foudre !...

LA COMTESSE.
Et ce pauvre Amaury !... Un enfant que sa mère m'avait confié !... Pourvu qu'il ne succombe pas à la fatigue, aux dangers !

JASPIN, écoutant.
Ah ! mon Dieu !...

LA COMTESSE.
Entendez-vous ?...

JASPIN.
Des cris... des pas...

LA COMTESSE.
Courez, Jaspin !

SCÈNE X.

LES MÊMES, LAMBERT.

LAMBERT.

Ah! madame!... Monsieur Amaury!

LA COMTESSE.

Eh bien?... (Amaury entre.) Cher enfant!...

SCÈNE XI.

LES MÊMES, AMAURY.

AMAURY.

Madame!...

LA COMTESSE.

Toi, déjà?...

AMAURY.

J'ai bien couru.

LA COMTESSE.

Et cette jeune fille?...

AMAURY, allant chercher Antoinette.

Venez, mademoiselle.

JASPIN, aux valets.

Qu'on ferme les portes!

SCÈNE XII.

LES MÊMES, ANTOINETTE.

ANTOINETTE.

Madame... pardon!... (Elle s'agenouille devant la Comtesse.)

LA COMTESSE, la relève.

Mademoiselle, êtes-vous libre?..... N'avez-vous rien promis, soit à votre famille, soit à Dieu?

ANTOINETTE.

Je n'ai pas de famille, madame... Une femme m'a élevée dans les montagnes de l'Argonne, et l'an dernier, cette femme étant morte, l'on m'a fait entrer au couvent.

LA COMTESSE.

Qui?...

ANTOINETTE.

Je ne sais... Celui qui dispose ainsi de mon sort ne s'est jamais révélé à moi.

LA COMTESSE.

Mais vos vœux?...

ANTOINETTE.

J'étais prête à les prononcer... L'année dernière, abandonnée, toute seule au monde, j'eusse souscrit à tout sans répugnance; mais sur le chemin du couvent, j'ai rencontré monsieur le comte Gérard... Il m'a dit que j'avais seize ans... que la vie à cet âge n'est pas terminée... que dans ce monde les enfants qui ont leur mère sont bien heureux... Il m'a parlé de vous, madame, et de ces beaux arbres de Lavernie, et de cette douce existence. Tout ce qu'il m'a dit me touchait au cœur, et je me sentais revivre. Il m'a quittée pour rejoindre l'armée... Je suis entrée au couvent... Mais depuis ce jour, j'ai eu peur de l'oubli, de la prison, du silence... Et chaque fois qu'on me pressait de me consacrer à Dieu, je tendais les bras malgré moi vers cette mère inconnue que votre fils m'avait fait aimer.

LA COMTESSE.

Pauvre enfant!... Ainsi, vous ne reconnaissez à personne le droit de vous empêcher d'entrer dans cette maison?

ANTOINETTE.

Si quelqu'un a des droits sur moi, qu'il les déclare, je me soumettrai.

LA COMTESSE.

Voilà qui est répondre avec sagesse et modestie... (A Jaspin.) N'est-ce pas Jaspin?

JASPIN.

Certes, oui, madame!

LA COMTESSE.

Soyez donc la bienvenue chez moi, mademoiselle... Mon fils m'avait annoncé votre arrivée, je vous reçois, d'abord, en qualité d'amie... Plus tard, si ce nom ne nous suffit plus, nous nous entendrons pour le remplacer par un plus tendre. En attendant, vivez ici. Vous êtes libre, soyez heureuse!

ANTOINETTE.

Mais, madame, j'ai des ennemis puissants; pour m'arracher de ce couvent, il a fallu employer la force. Monsieur le chevalier a été attaqué, blessé...

LA COMTESSE et JASPIN.

Blessé?...

AMAURY.

Au moment où j'aidais mademoiselle à monter en croupe derrière moi, deux hommes en embuscade se sont jetés sur nous... J'ai brisé l'épée de l'un, l'autre m'a effleuré l'épaule, et pour éviter d'être poursuivi, au lieu de riposter sur nos adversaires, j'ai abattu leurs montures de mes deux coups de pistolet. En sorte que nous avons pris l'avance et qu'ils auront de la peine à nous rattraper, en admettant qu'ils nous suivent.

LA COMTESSE.

Peut-être vous suivront-ils; mais alors, nous verrons. Je vous loue, Amaury, d'avoir réussi sans répandre le sang des hommes; soyez tranquille; vous m'avez remis ce dépôt sacré dont vous avait chargé mon fils, nul ne me le reprendra. L'asile est inviolable. C'est la maison d'un gentilhomme mort au service, et dont le fils paye peut-être en ce moment au roi une dette semblable... Soyez tranquille, vous dis-je, tel a osé vous attaquer sur la route, qui ne se risquera pas à insulter le château des comtes de Lavernie. (Coups sourds frappés à la porte extérieure.)

JASPIN.

Mon Dieu!

AMAURY.

On frappe à la grand'porte!

ANTOINETTE.

Hélas!

LA COMTESSE.

Qui frappe, Lambert?

LAMBERT.

Des cavaliers, des archers, précédés par un gentilhomme.

JASPIN.

N'ouvrez pas. (On frappe de nouveau.)

LA COMTESSE, à la fenêtre.

Qui frappe ainsi?

VOIX DU DEHORS.

Ouvrez donc!

JASPIN.

Qui êtes-vous, pour qu'on vous ouvre?

UNE VOIX.

Annoncez à madame de Lavernie le marquis de Louvois.

TOUS.

Le marquis de Louvois... oh!

LA COMTESSE, fermement.

Ouvrez!

AMAURY.

Le ministre de la guerre!

LA COMTESSE.

Chevalier, il ne faut pas qu'il vous voie ici. (Elle lui indique la porte à droite.) Ce couloir aboutit à la chapelle... vous serez là, à l'abri du tombeau de mon mari, sous la protection de Dieu... (Amaury lui baise les mains et part. — A Lambert.) Et qu'on l'y renferme. (Lambert sort derrière Amaury. — A Antoinette.) Vous, mademoiselle, chez moi, ici... Conduisez-la, Jaspin.

JASPIN.

Mais s'ils osaient...

LA COMTESSE.

Allons donc!... on me prendrait mademoiselle dans ma chambre!... jamais!

ANTOINETTE.

Oh! madame, j'ai amené ici le malheur.

JASPIN.

Ménagez-vous bien, madame, vous savez que la moindre émotion peut vous être mortelle.

LA COMTESSE, à Antoinette.

Allez, mon enfant, allez!... Merci mon bon Jaspin. (Jaspin et Antoinette ont disparu. — A part.) Que je souffre!

SCÈNE XIII.

LA COMTESSE, LOUVOIS.

LOUVOIS.

J'ai eu l'honneur de vous dire mon nom, madame, et si loin que ce pays soit de Versailles, madame la comtesse de Lavernie, veuve, mère d'officier, ne peut ignorer ce que signifie mon nom dans l'armée. (Il cherche des yeux un siège.)

LA COMTESSE.

Monsieur, personne en Europe n'ignore le nom de Louvois. Mais je ne saurais deviner pourquoi M. de Louvois me fait l'honneur d'une visite avec une escorte presque menaçante.

LOUVOIS.

Mon Dieu, madame, je vais vous le dire... Mais faites-moi la grâce de permettre que je m'asseoie... je suis venu un peu vite, et j'ai beaucoup fatigué. (Il s'assied près de la comtesse.)

LA COMTESSE.

J'écoute, monsieur!

LOUVOIS.

Madame, vous avez chez vous deux personnes que je cherche?

LA COMTESSE.

Mon Dieu!... deux personnes?

LOUVOIS.
Une jeune fille et un jeune homme... L'une est une novice qu'on enlevait et que j'ai dessein de reconduire à son couvent... l'autre est un drôle que je pourrais bien faire pendre... mais je connais trop la maison de Lavernie pour croire qu'on y protège les malfaiteurs.

LA COMTESSE.
Des malfaiteurs, monsieur! qu'ont-ils donc fait?

LOUVOIS.
Il me semblait avoir eu l'honneur de vous dire qu'il s'agit ait d'un enlèvement. J'ajouterai qu'il y a eu lutte et que le malfaiteur a fait feu sur moi et mes gens.

LA COMTESSE.
Mais la jeune fille n'est pas religieuse, monsieur, on ne peut l'être qu'à la condition d'avoir fait des vœux.

LOUVOIS.
Je ne vois vraiment pas pourquoi vous me dites tout cela, comtesse. J'ai été plus net avec vous. Une fille est au couvent, un ravisseur l'enlève à main armée, la justice du roi poursuit ce ravisseur et reprend cette fille; voilà qui est clair, ce me semble, et je m'étonne qu'on y réponde.

LA COMTESSE.
Il s'agit donc de la justice du roi; je ne croyais pas qu'un ministre de la guerre se transformât en chancelier de France.

LOUVOIS.
Assez de subtilités; je ne suis pas venu pour discuter, mais pour agir. Ministre ou simple procureur, je demande la fugitive et le larron qui l'a enlevée. Rendez-les-moi et recevez mes compliments, je suis pressé.

LA COMTESSE, se levant.
Le jeune homme que vous cherchez n'est plus au château.

LOUVOIS.
Vous l'avez fait évader?

LA COMTESSE.
Immédiatement.

LOUVOIS.
Je le retrouverai. Mais la demoiselle, vous l'avez gardée, puisque c'est ici qu'on la voulait cacher.

LA COMTESSE.
Ah! vous avez lu ma lettre, vous saviez...

LOUVOIS.
Je sais tout ce qu'il faut que je sache.

LA COMTESSE.
Sans scrupules sur les moyens.

LOUVOIS.
J'attends que vous me rendiez mademoiselle de Savières.

LA COMTESSE.
Vous avez tort d'attendre, monsieur, car je ne la rendrai pas.

LOUVOIS, se contraignant.
J'ai mal entendu, je suppose. Ainsi, parce que votre fils aime cette jeune fille, vous la garderiez?

LA COMTESSE.
Précisément!

LOUVOIS.
Elle est donc à lui, pour qu'il la prenne?

LA COMTESSE.
Il la prend, parce qu'elle n'est à personne, sans quoi, mon fils est d'assez bonne maison, il est un assez honnête homme pour que sa mère, si elle dépendait d'un parent ou d'un tuteur, n'eût pas obtenu mademoiselle de Savières pour le comte de Lavernie.

LOUVOIS.
Jamais! jamais!

LA COMTESSE.
Êtes-vous donc le parent ou le tuteur de la jeune fille? dites-le, que nous vous fassions notre demande.

LOUVOIS, desserrant sa cravate.
Voyons, madame, au lieu de nous emporter, raisonnons. Vous tenez à garder mademoiselle de Savières à cause de votre fils, n'est-ce pas? Eh bien! moi, je ne veux pas qu'il épouse cette demoiselle, j'ai mes raisons.

LA COMTESSE.
Mais dites-les.

LOUVOIS.
Il ne me plaît pas. Votre question est indiscrète. Vous oubliez trop que je suis ici, moi, Louvois, demandeur au nom de Sa Majesté. Quand je vous dis que votre fils n'aura pas mademoiselle de Savières, croyez-moi, c'est le plus court. Je suis ministre de la guerre, monsieur de Lavernie est officier, je le retrouverai partout, et j'ai une mémoire implacable. Je pense que vous me comprenez. Je ne me suis pas dérangé, je n'ai pas fait cent cinquante lieues pour échouer contre le manoir de Lavernie; mes volontés sont plus solides que vos grilles. Antoinette remise entre mes mains, c'est la fortune de votre fils, s'il est sage, dis-cret, s'il sert bien le roi, cela va sans dire. — Refusée, c'est l'inimitié entre vous et moi, c'est la ruine de votre famille.

LA COMTESSE.
Monsieur!

LOUVOIS.
Je m'explique, choisissez?

LA COMTESSE.
Ah! vous menacez une femme! Vous la menacez dans son fils; vous invoquez le nom du roi, pour qui Gérard se fait tuer peut-être en ce moment!

LOUVOIS.
La paix ou la guerre... un protecteur ou un persécuteur pour votre fils et vous!

LA COMTESSE.
Oh! Dieu vous punira de forcer une mère à sacrifier le bonheur de son enfant!

LOUVOIS.
Le bonheur n'est pas dans les amours illicites. Si votre fils n'épouse pas cette fille, il en retrouvera vingt autres; mais s'il m'a pour ennemi, où trouvera-t-il un défenseur?

LA COMTESSE, égarée.
Un défenseur! (Ses yeux rencontrent le portrait.) Eh bien! oui, monsieur, il en a un, tenez! (Elle lui montre le portrait.)
Madame de Maintenon!

LOUVOIS.
Votre ennemie mortelle et mon amie à moi, ma vieille amie, la compagne de ma jeunesse, qui, en échange de vingt-cinq ans de dévouement, m'accordera sa protection pour Gérard.

LA COMTESSE.
Ah! c'est ainsi.

LA COMTESSE.
Vous me trouvez moins seule que tout à l'heure, n'est-ce pas?

LOUVOIS.
Prenez garde!

LA COMTESSE.
A quoi? Je ne vous crains plus... Menacez! fulminez! éclatez! la foudre qui me vengera, je l'ai trouvée; elle est là, dans les yeux de ce portrait. Ah! vous brisez le cœur d'une veuve, d'une mère, d'une femme sans appui, et vous vous révoltez quand Dieu lui vient en aide! touchez à ma maison, madame de Maintenon est là, attaquez mon fils, la femme du roi le défendra; le grand ministre et la reine sont aux prises, nous verrons!

LOUVOIS.
Eh bien, nous n'avons plus rien à ménager l'un et l'autre. Voyons ce que fera la reine contre le ministre, le grand ministre... Pour être grand, il faut être fort... Archers, à moi!...
(Les Archers paraissent et se rangent sur le seuil de la grande porte.)

LA COMTESSE.
Que prétendez-vous faire?

LOUVOIS.
Vous allez le savoir.

LA COMTESSE.
Quoi! vous osez faire entrer des archers dans ma maison!

LOUVOIS.
Veuillez me faire remettre la religieuse fugitive, au nom du roi.

LA COMTESSE.
Jamais! dussiez-vous me tuer sur la place.

LOUVOIS.
Eh bien! il ne sera pas dit qu'une porte restée fermée devant l'ordre du roi, quand c'est moi qui le donne.

LA COMTESSE.
Vous me foulerez aux pieds... mais vous n'arriverez pas à cette jeune fille.

LOUVOIS.
Vous serez respectée, comme le serait une fidèle et obéissante sujette de Sa Majesté... mais ce que je veux s'accomplira. (Aux archers.) Allez! (Ils s'élancent vers la chambre de la Comtesse.)

LA COMTESSE, éperdue.
A moi! à moi!

SCÈNE XIV.
Les Mêmes, JASPIN, ANTOINETTE.

JASPIN, accourant pour arrêter les archers.
Arrêtez!

ANTOINETTE, embrassant la Comtesse.
Madame!...

LOUVOIS, à Antoinette.
Ah! c'est vous... Vous voyez ce qui se passe? Je vous somme de me suivre. (Antoinette, tremblante, va obéir.)

LA COMTESSE, la retenant.

Je vous le défends, au nom de mon fils!

ANTOINETTE baise les mains de la comtesse, et se dégage avec effort.

Je suis prête.

LOUVOIS.

C'est bien, venez.

LA COMTESSE.

Ah!... (Elle chancelle.)

JASPIN, la soutenant.

Monsieur de Louvois, vous êtes un monstre... Au secours! madame la comtesse se meurt! (Les serviteurs accourent, armés à la hâte. Ils se rangent autour de leur maîtresse, faisant face aux archers.)

SCÈNE XV.
Les Mêmes, GÉRARD.

GÉRARD.

Ma mère!

LA COMTESSE.

Mon fils! défends-nous!... (Elle se pend au cou du jeune homme et l'embrasse convulsivement.)

ANTOINETTE.

Lui!...

LOUVOIS.

Ah!...

JASPIN, bas à Gérard.

C'est monsieur de Louvois!...

GÉRARD.

Je l'ai bien reconnu... et je voudrais savoir ce que vient faire chez moi monsieur de Louvois, et pourquoi ma mère est expirante?

LOUVOIS.

Répondez vous-même, et comme vous parlez à votre supérieur, ôtez votre chapeau, lieutenant Lavernie.

GÉRARD, se découvrant.

C'est vrai... j'oubliais que je suis chez moi... Je m'en souviendrai tout à l'heure.

LOUVOIS.

De quel droit êtes-vous ici?... Auriez-vous déserté? Votre congé?

GÉRARD.

J'ai mieux que mon congé... Je vous portais, à Valenciennes, une dépêche de monsieur de Catinat. (Il tend la dépêche à Louvois.)

LOUVOIS, lisant.

Ah! une victoire décisive à Staffarde.

GÉRARD.

Et maintenant que je me suis acquitté de mon message, je vous donne ma démission. Je n'ai plus affaire au ministre, au supérieur... Vous êtes chez moi; je vous demande raison de votre conduite!...

LOUVOIS.

Je crois que vous menacez?

GÉRARD.

Vous n'en douteriez pas si vous n'étiez le lâche qui vient faire peur avec des archers à une femme.

LA COMTESSE, épouvantée.

Mon fils!...

JASPIN et ANTOINETTE, tous entourent et étreignent le jeune homme.

Comte!...

LOUVOIS, tremblant de colère.

Vous m'insultez!... Je suis venu ici pour punir le rapt et le sacrilége... Vous m'insultez!... Au nom du roi, je vous arrête!... (Il fait signe aux Archers, qui avancent.)

LA COMTESSE.

Monsieur, par pitié!...

GÉRARD, l'épée à la main.

Sortez de chez moi, ou vous êtes morts!... Quand je devrais faire crouler sur vous le château jusqu'à la dernière pierre!...

LOUVOIS.

Vous vous repentirez d'être venu ici aujourd'hui. (A Antoinette.) Mademoiselle, je vous attends.

GÉRARD, courant à elle.

Antoinette!

ANTOINETTE.

Voyez votre mère!... (La Comtesse retombe expirante.)

GÉRARD.

Oh!...

ANTOINETTE, qui s'éloigne.

Adieu!...

GÉRARD, agenouillé près de sa mère.

Au revoir!...

LOUVOIS.

Oui, au revoir!... (Il sort avec les Archers.)

SCÈNE XVI.
GÉRARD, JASPIN, LA COMTESSE.

GÉRARD.

Ma bonne, ma pauvre mère!

LA COMTESSE, d'une voix mourante.

Mon fils, je te laisse avec un ennemi terrible!.. Mais je veux que tu aies un appui... Une plume... du papier... que j'écrive à celle qui peut sauver Gérard. (Les valets s'empressent.) Vite!... vite... que j'aie le temps d'écrire, mon Dieu!... je me sens mourir!...

GÉRARD.

Du secours!... Lambert!... mes amis, du secours!... Courez à la ville!... un médecin!.... (Il les pousse, les presse, et court lui-même, sur un geste de Jaspin, chercher un cordial dans la chambre de la Comtesse.)

LA COMTESSE, comme en délire.

Il faut donc que je lui avoue...

Inutile!...

JASPIN, s'approchant d'elle.

LA COMTESSE, avec stupeur.

Pourquoi?

JASPIN.

Parce que je sais tout... moi.

LA COMTESSE.

Vous!...

JASPIN.

Depuis vingt-cinq ans. J'irai à Versailles, madame, et Elle vous défendra. (Il désigne le portrait.) Je vous le jure, reposez en paix... (Gérard accourt, les Valets reviennent.)

LA COMTESSE, embrassant Jaspin.

Oh! mon ami... mon ami!... Gérard, viens vite, vite... Merci, mon Dieu!... (Elle l'entoure une dernière fois de ses bras.) Je suis heureuse!... Je meurs en l'appelant mon fils!... (Ses bras retombent.) Elle meurt. Gérard, foudroyé, baise l'une de ses mains. Jaspin pleure, appuyé sur le fauteuil.)

ACTE II.
DEUXIÈME TABLEAU.

La galerie du roi à Versailles. — A gauche, fenêtre donnant sur la terrasse. — A droite, portes, dont l'une, masquée, ouvre sur les appartements.

SCÈNE PREMIÈRE.

RUBANTEL, VILLEMUR, LAFRESNAYE, Officiers, Courtisans, Gardes formant plusieurs groupes animés.

LAFRESNAYE, entrant.

Eh! monsieur de Rubantel, bonjour.!

RUBANTEL.

Serviteur, marquis de Lafresnaye. (A un cordon bleu qui passe.) Monseigneur! (Il salue.)

VILLEMUR.

Bonjour, Rubantel.

RUBANTEL.

Bonjour, comte de Villemur.

LAFRESNAYE.

Que de monde ce matin! on dirait une audience de madame de Maintenon.

VILLEMUR.

Ou de monsieur de Louvois.

RUBANTEL.

S'il était ici, vous ne m'y verriez pas. — Comment va le roi?

VILLEMUR.

Fort bien, Dieu merci! le roi déjeune.

LA FRESNAYE.

On assure que Sa Majesté est ce matin en belle humeur.

RUBANTEL.

Ce n'est pas surprenant, monsieur de Louvois n'y est pas.

VILLEMUR.

Où peut-il être? — Est-ce qu'il aurait disparu tout à fait?

RUBANTEL.

Vous n'aurez pas cette chance-là. Je ne sais pas où il est, mais je puis vous dire ce qu'il fait.

LAFRESNAYE.

Bah!... quoi donc?

RUBANTEL.

Du mal!

LAFRESNAYE.

C'est à lui qu'on fait du mal. Savez-vous le bruit qui court?

LE COMTE DE LAVERNIE.

RUBANTEL.
Dites, j'aime à m'instruire.

LAFRESNAYE.
On prétend que madame de Maintenon épouse tout de bon le roi, et que monsieur de Louvois s'en est sauvé de rage.

VILLEMUR.
Si cela était, Louvois ne se sauverait pas, il reviendrait.

LAFRESNAYE.
Pour se faire broyer par ce char triomphal?

RUBANTEL.
Pour jeter un dernier bâton dans la roue.

LAFRESNAYE.
Eh! mais... on se compromet par ici. (Il passe à un autre groupe, tandis que Rubantel et Villemur sont interrompus par de nouveaux venus.)

DE SAILLANT, au centre de ce groupe.
Oui, messieurs, cent louis que vous allez tous sauter de joie.

LAFRESNAYE.
Eh! bon Dieu, qu'y a-t-il?

DE SAILLANT.
Ce matin on a vu monsieur de Harlay sortir de Saint-Cyr les yeux gros comme le poing, la figure renversée... il avait pleuré.

TOUS.
Bah!

DE SAILLANT.
Aussitôt après, la marquise a fait atteler un carrosse tout encombré de bagages, comme pour un voyage éternel, et ma mie Nanon, son âme damnée, fait les paquets — elle part.

LAFRESNAYE.
Oh!

TOUS.
Mais pourquoi?

DE SAILLANT.
C'est bien clair : le roi, qui ne peut se passer de son grand ministre, aura chargé M. de Harlay de signifier un congé à la marquise.

TOUS.
C'est vrai!

DE SAILLANT.
Et elle part.

TOUS, avec joie.
Quelle affaire!

LAFRESNAYE.
Ceux-là sont encore bien plus compromettants. J'aime mieux les autres. (Pendant ce temps Rubantel et Villemur se sont pris par le bras et causent.)

VILLEMURE.
Oui, général, il se passe quelque chose de nouveau... on m'a rapporté que les provinces du nord sont encombrées de chariots qui roulent, d'hommes qui marchent, de bestiaux qui courent.

RUBANTEL.
On ne vous a pas trompé... j'arrive de l'Artois... c'est un chaos.

LAFRESNAYE, qui s'est glissé entre eux.
Aurions-nous une nouvelle guerre?

RUBANTEL.
Vous demandez cela, et monsieur de Louvois est ministre... enfant! vous avez en ce moment la guerre avec le duc de Savoie, c'est-à-dire avec les Allemands, les Espagnols et les Savoyards; vous l'avez avec le prince d'Orange, c'est-à-dire avec les Hollandais et les Anglais, puisque Guillaume d'Orange est à la fois stathouder des Provinces-Unies et roi d'Angleterre... cinq nations contre nous, c'est déjà raisonnable, n'est-ce pas ? eh bien, laissez faire Louvois, vous aurez, l'année prochaine, à dos, les quatre parties du monde.

VILLEMURE.
Ce serait assez du prince d'Orange, voilà un ennemi sérieux.

LAFRESNAYE.
Un moribond, qui se traîne à peine, qui tousse toujours et qui tombe en syncope après avoir toussé.

RUBANTEL.
Vicomte, je l'ai vu dans la dernière campagne, on me l'a montré. C'était au milieu du feu; le prince, dans une auréole de sang et de flamme, lançait sur nous ses grenadiers écossais, il criait : En avant! et je vous assure qu'il ne toussait pas.

LAFRESNAYE.
Jusqu'à présent, il nous a fourni nos plus beaux triomphes. Si le roi s'appelle Louis le Grand, c'est au prince d'Orange qu'il le doit.

RUBANTEL.
Jeune homme, sans Guillaume, le roi s'appellerait Louis le Puissant et Louis l'Heureux ! (Rumeurs dans les groupes.)

VILLEMUR.
Qu'y a-t-il donc?

UN COURTISAN.
Oui, messieurs, un boulet l'a tué !

LAFRESNAYE.
De qui parlez-vous?

VILLEMUR.
Savez-vous ce qu'on dit? le prince d'Orange est mort.

TOUS.
Mort!

UN COURTISAN.
La nouvelle court tout Paris.

UN AUTRE COURTISAN.
Les bourgeois font des feux de réjouissance.

UN AUTRE COURTISAN.
Messieurs, on parle d'une grande bataille. (on entend le canon.)

VILLEMUR.
Le canon !

RUBANTEL.
On tirerait le canon pour un ennemi mort?

TOUS.
Le canon!... Le canon!... (Mouvement dans la foule.)

UN CAPITAINE DES GARDES.
Le roi, messieurs!... (Tambours. — Le canon retentit à coups égaux.)

SCÈNE II.

Les Mêmes, LE ROI précédé des PAGES et suivi de COURTISANS et D'OFFICIERS.

LE ROI.
Bonjour, messieurs!... Bonne nouvelle... Monsieur de Catinat vient de battre mes ennemis à Staffarde..... Une brillante journée !...

TOUS.
Vive le roi ! (Cris au dehors.) Vive le Roi !

LE ROI, s'approchant de la fenêtre.
Ah! c'est ainsi que j'aime à causer avec mon peuple.

LAFRESNAYE, au Roi.
Sire, déjà des feux de joie.

LE ROI.
Oui. (A lui-même.) La marquise sera bien heureuse quand elle arrivera de Saint-Cyr... je m'étonne de ne l'avoir pas encore vue... ses compliments me manquent.

UN HUISSIER.
Madame la marquise de Maintenon! (Émotion dans les groupes.)

LA FRESNAYE.
Eh bien ! mais elle n'est pas partie.

SAILLANT.
Elle vient faire ses adieux.

SCÈNE III.

Les Mêmes, LA MARQUISE. (Chacun s'incline avec un profond respect.)

LE ROI.
Vous savez la nouvelle, madame?

LA MARQUISE.
J'en ai remercié Dieu, sire, avant de féliciter Votre Majesté.

LE ROI.
Qu'avez-vous? votre visage n'est pas d'accord avec vos paroles.

LA MARQUISE.
Sire, je l'avouerai, il se mêle beaucoup d'amertume à la joie que je ressens de ce triomphe.

LE ROI.
Quoi donc, madame?

LA MARQUISE.
Tout à l'heure, en arrivant près du château, tandis que l'air retentissait de félicitations et de vivats, j'ai vu s'élever un bûcher qu'entourait une foule de peuple!

LE ROI.
Un feu de joie, sans doute.

LA MARQUISE.
Sire, un homme est monté sur cet échafaud brûlant, il portait sur ses épaules quelque chose d'informe que dans mon premier mouvement d'horreur j'ai pris pour un cadavre.

LE COMTE DE LAVERNIE.

LE ROI.
C'était?

LA MARQUISE.
Un amas de haillons surmontés d'un masque et d'une couronne, il a jeté cela au feu en criant : « Mort au prince d'Orange ! vivent le roi et monsieur de Louvois ! » Ah ! sire, mon cœur tressaille d'orgueil quand j'entends dire : Louis le Grand triomphe à Staffarde ; mais je frissonne de colère et de honte en voyant des misérables assassiner, en votre nom, un ennemi, un roi.

LE ROI.
C'est infâme.

LA MARQUISE.
Ce feu ignoble déshonore votre canon.

LE ROI.
Je voudrais bien savoir pourquoi ces lâches crient vive le roi.

LA MARQUISE.
Et vive monsieur de Louvois, sire.

LE ROI.
Je le saurai. (Il donne des ordres.) Qu'on arrête cette honteuse orgie !

LAFRESNAYE.
Ce que vient de dire le roi est magnifique.

RUBANTEL.
Gare à Louvois !

VILLEMUR.
Malheur aux absens !

LE ROI.
Marquise, je vous remercie du service que vous venez de rendre à mon bonheur.

LA MARQUISE.
Eh, bien, sire ! daignez permettre que nous parlions un peu du mien.

LE ROI.
Du vôtre?... Vous plaît-il rentrer chez-vous?

LA MARQUISE.
Je n'y rentrerai plus, sire, que je n'aie parlé à Votre Majesté.

LE ROI.
Qu'est-ce à dire?

LA MARQUISE.
Une audience, sire, je vous prie. (Le Roi fait un signe, tout le monde se retire.)

SAILLANT, à ses amis.
Tiens ferme, Louis !

RUBANTEL, aux siens.
Si elle pouvait faire chasser Louvois ! (Ils sortent.)

SCÈNE IV.
LE ROI, LA MARQUISE.

LE ROI.
Je vous écoute avec inquiétude, marquise.

LA MARQUISE.
Écoutez-moi avec bonté, avec patience. Écoutez-moi et rendez-moi justice. Mon but unique, n'est-ce pas, sire, a été de me faire aimer de vous, de m'en faire estimer surtout. J'ai travaillé la nuit et le jour à perfectionner mon âme par l'étude et la prière ; j'ai eu cette prétention, pardonnez-la moi, sire, de réconcilier Votre Majesté avec elle-même, en lui faisant adopter une vie meilleure que sa vie passée. Le roi de France avait peut-être donné du scandale à ses peuples, le voilà rentré dans la chasteté, dans la justice. C'est le plus beau triomphe que puisse rêver une femme pleine de respect et d'amour pour son roi.

LE ROI.
Eh bien ! marquise ! Dieu vous a donnée à moi pour me récompenser de ce retour à la vertu.

LA MARQUISE.
Et Votre Majesté m'a récompensée, moi, au delà de mes mérites en élevant sa servante jusqu'à elle, vous m'avez nommée votre épouse en face des autels ! Mais c'était le prix d'un dévouement sans bornes, d'un amour sincère... Je l'acceptai pour apaiser ma conscience, et non pour satisfaire une ambition hypocrite. Car, vous le savez, sire, le jour où m'est arrivé cet insigne honneur, le jour où, en présence de monsieur de Harlay et dans la chapelle de Versailles, nous écrivîmes nos deux noms sur l'acte de mariage, qu'ai-je osé exiger de vous ? Que ce mariage ne serait jamais déclaré.

LE ROI.
C'est vrai.

LA MARQUISE.
Et notre alliance est demeurée secrète. En vain des bruits injurieux, les libelles, les pamphlets m'accusaient-ils d'être la maîtresse du roi...

LE ROI.
Un libelle ne déshonore pas.

LA MARQUISE.
Sans doute, Votre Majesté est à l'abri ; mais l'injure que méprise un grand roi, une femme en est écrasée.

LE ROI.
Il faut mettre ses humiliations au pied du crucifix, madame.

LA MARQUISE.
C'est ce que je fais tous les jours, sire ; et parfois même, pour me donner du courage, pour me rehausser à mes propres yeux, pour me bien prouver que je ne suis pas une maîtresse à laquelle d'autres succéderont, m is l'épouse légitime du roi — doux honneur ignoré de tous et qui suffit à dissiper toutes mes disgrâces, — parfois, dis-je, quand la coupe amère allait déborder, je relisais cet acte de mariage, je baisais votre nom sacré, j'essuyais mes larmes, j'étais heureuse et fière entre toutes les reines.

LE ROI.
Ame noble, cœur sans fiel !

LA MARQUISE.
Je ne prévoyais pas l'affreux malheur qui vient de me frapper... Hier soir, souffrante, j'avais été humiliée, je voulus recourir à ma consolation ordinaire, le coffre était vide. L'acte avait disparu.

LE ROI.
Disparu !

LA MARQUISE.
Volé !

LE ROI.
Par qui ?

LA MARQUISE.
Sire, je vous le demande... Quelle est la personne qui a pu vouloir détruire les traces de mon mariage avec le roi ?

LE ROI.
Mais ce vol ne détruit pas notre mariage. Quant à l'acte... monsieur de Harlay, qui l'avait dressé, n'en peut-il pas dresser un autre ? Je vais l'envoyer chercher.

LA MARQUISE.
Oh ! je ne doutais pas de vous... (Lui serrant la main.) Merci... mais notre secret ? Cet acte est tombé aux mains d'un tiers malveillant sans nul doute... et qu'en va-t-il résulter pour moi ? Tant que notre mariage fut ignoré, comme je le demandais, j'ai vécu humble et modeste, confondue à votre cour dans les rangs de la simple noblesse... je pouvais accepter cette humilité, j'avais Dieu seul pour confident ; mais que cet acte devienne public, qu'on sache en France, en Hollande, en Angleterre le rang auquel vous m'avez appelée... Quelle est donc cette femme, dira-t-on, qu'on épouse et qu'on n'ose pas avouer ?... Quelque honteuse nécessité a donc présidé à ce mariage... Quoi ! le mari a peur de sa probité, et l'épouse renie sa gloire !

LE ROI.
Le danger est grave ; mais on ne peut chercher le remède.

LA MARQUISE.
Je crois l'avoir trouvé, sire. Prenons, vous et moi, un parti courageux, héroïque... et cet acte qu'on a volé pour nous perdre va se trouver détruit, nul et sans valeur aux mains de notre ennemi.

LE ROI.
Expliquez-vous.

LA MARQUISE.
Ah ! sire, ce que j'ai résolu n'est pas facile à dire, et je crains que les paroles ne déchirent mon cœur au passage... Sire, on ne renonce pas sans combats à ces joies si douces, si pures de l'union la plus sainte... Il le faut pourtant... Je vais partir... Je quitterai même Saint-Cyr... C'est trop près de mon bonheur passé.

LE ROI.
Vous me quitterez, dites-vous, et vous m'aimez !

LA MARQUISE.
Je serais faible, s'il ne s'agissait que de mon bonheur... Mais sire, votre gloire est en jeu !... Il ne faut pas, quand cet acte volé paraîtra au grand jour, que mon roi soit en butte aux railleries, aux sarcasmes de la foule. Il faut qu'on dise : Vous voyez bien que cet acte est faux !... Vous voyez bien que la marquise n'était pas la femme de Louis XIV ; car ce prince, le plus honnête homme du monde, ce prince, assez fort pour imposer même une reine à l'univers, n'eût jamais sacrifié, n'eût jamais laissé insulter sa femme.

LE ROI.

Assez, madame... Vous avez raison; cet acte, aux mains d'un tiers, c'est la révélation de notre secret, et il n'est pas honnête qu'un chrétien cache aux hommes la femme qu'il a épousée devant Dieu. Il n'est pas sage qu'un roi tel que moi envahisse ses voisins pour quelques susceptibilités d'amour-propre, alors que chez lui la honte peut entrer par la bouche d'un calomniateur. Fais ce que tu dis, dis ce que tu fais... Voilà dès à présent ma devise. Vous ne me quitterez pas, madame.

LA MARQUISE.

Mon Dieu! sire, qu'entends-je dire à Votre Majesté?

LE ROI.

Ce que demain les ducs et pairs, les cardinaux et les princes du sang entendront en plein parlement.

LA MARQUISE.

Moi, sire, sur un trône, à la place vide de l'auguste reine qui s'y est assise à vos côtés!... Jamais!

LE ROI.

Ce n'est pas du trône qu'il est question, mais de la reconnaissance loyale de vos droits d'épouse. En cela j'espère que vous ne me désobéirez pas. Ainsi finira cette vie de mystères, de luttes, de contraintes... Ainsi se tariront les larmes que je vous vois répandre, et ces reproches douloureux, ces combats qui vous épuisent et me tuent. J'ai soif de repos et de francs sourires. J'ai soif de liberté dans mon ménage comme un de mes bourgeois... Je ne vous promets donc pas que demain vous serez reine.—Il faut que je consulte mes parlements.—Mais demain, madame, notre mariage sera déclaré.

LA MARQUISE.

Oh! sire!... O mon Dieu!... C'est trop de bonheur! (A part.) Ah! Louvois, tu as cru me perdre et tu m'as sauvée.

SCÈNE V.
LES MÊMES, LE CAPITAINE DES GARDES.

LE CAPITAINE.

Sa Majesté veut-elle recevoir monsieur le marquis de Louvois?...

LA MARQUISE.

Lui!...

LE ROI.

Lui, de retour?...

LE CAPITAINE.

Monsieur le marquis descend de carrosse.

LE ROI.

Qu'il entre... Vous me restez donc?

LA MARQUISE.

Sire, permettez: j'avais déjà tout commandé pour mon départ... il faut que je donne contre-ordre. (Elle sonne.)

LE ROI.

Nanon est là?

LA MARQUISE.

Oui, sire, Nanon est là. (Nanon entre.)

LE ROI.

Bonjour, mamie Nanon. (Nanon fait une révérence majestueuse.)

NANON, à l'oreille de sa maîtresse.

Monsieur de Louvois est arrivé.

LA MARQUISE, bas.

Je le sais.

SCÈNE VI.
LES MÊMES, LE CAPITAINE DES GARDES, LOUVOIS.

LE CAPITAINE.

Monsieur le marquis de Louvois.

LA MARQUISE, à Nanon.

Fais partir mes carrosses... ferme les rideaux, que l'on me croie hors de Versailles, va! (Nanon part. — Louvois vient saluer la Marquise, qui lui rend sa révérence.)

LE ROI.

Vous ne nous demeurez pas, marquise?

LA MARQUISE.

Avant tout, sire, les affaires de Votre Majesté. (Elle sort.)

LOUVOIS, à part.

Elle rayonne... Que s'est-il donc passé?

SCÈNE VII.
LE ROI, LOUVOIS.

LE ROI.

Eh bien, Louvois, voilà une longue absence.

LOUVOIS.

Oui, je le pense, n'aura pas été sans fruit pour Votre Majesté.

LE ROI.

Vous avez appris notre victoire de Staffarde?

LOUVOIS.

Avec une joie qui ne peut se dire.

LE ROI.

Monsieur de Catinat dans sa lettre me recommande un officier que je m'étonne de n'avoir pas vu encore.

LOUVOIS.

Ah!

LE ROI.

Celui qu'il vous a envoyé, dit-il... Il s'appelle Lavernie, je crois. J'ai eu un brave serviteur de ce nom tué à Maëstricht... Il paraît que le fils chasse de race.

LOUVOIS.

Il peut être brave dans le combat, sire, mais c'est un homme sans religion et sans mœurs.

LE ROI.

En vérité!

LOUVOIS.

Je l'ai surpris en flagrant délit de sacrilège: il avait enlevé une religieuse.

LE ROI.

Une religieuse!

LOUVOIS.

Il a résisté à ceux qui venaient l'arrêter au nom du roi. Il les a chassés avec violence.

LE ROI.

Et vous n'avez pas puni?

LOUVOIS.

Pardonnez-moi, sire... deux jours plus tard, sur la route de Paris, où il se rendait avec deux de ses complices, j'ai mieux pris mes mesures, et cette fois on s'en est rendu maître.

LE ROI.

Il est arrêté?

LOUVOIS.

Et livré à un conseil de guerre qui siège aujourd'hui, et que préside monsieur le duc du Maine pour la première fois.

LE ROI.

C'est bien; la bravoure sans discipline et sans mœurs n'est qu'un vice de plus, et monsieur le duc saura faire justice.

LOUVOIS.

Je l'espère.

LE ROI.

Parlons un peu des fruits qu'a dû me produire votre absence: vaudront-ils Staffarde?

LOUVOIS.

Monsieur de Catinat n'a battu que Victor-Amédée et le prince Eugène, moi, j'offre à Votre Majesté de ruiner l'empereur, de briser la ligue faite à Augsbourg contre Votre Majesté; enfin d'abattre à jamais cet implacable roi d'Angleterre, pardon, Guillaume d'Orange, par un coup de tonnerre dont seront ébranlés tous les trônes des alliés vos ennemis.

LE ROI.

Oh! marquis de Louvois!... Mais à propos du prince d'Orange, vous savez l'ignominieux scandale...

LOUVOIS.

Je l'ai appris en arrivant, et mon indignation a devancé votre dégoût, sire. J'ai donné des ordres: les auteurs de ce crime vont m'être amenés tout à l'heure.

LE ROI.

Bien. Battre l'empereur, briser la ligue, anéantir Guillaume quelle guerre!

LOUVOIS.

Une belle guerre,

LE ROI.

Sur quel terrain?

LOUVOIS.

Sur le leur.

LE ROI.

Leurs Flandres sont une barrière qui nous enferme.

LOUVOIS.

Nous en prendrons la clef.

LE ROI.

C'est Mons qui est la clef des Flandres.

LOUVOIS.
Le génie de Votre Majesté a deviné mon plan.

LE ROI.
Mais vous oubliez que Mons est imprenable, que les magasins, le trésor, toutes les ressources des alliés sont là.

LOUVOIS.
Nous prendrons Mons.

LE ROI.
Marquis, rien que pour investir la place, il faudrait cent mille hommes.

LOUVOIS.
Je les ai.

LE ROI.
Des millions !...

LOUVOIS.
L'argent est dans mes caisses.

LE ROI.
Six mois de vivres, des munitions immenses !

LOUVOIS.
C'est acheté.

LE ROI.
Oh !... Mais le prince d'Orange est revenu d'Angleterre, il veille.

LOUVOIS.
Il chasse en ce moment dans je ne sais plus quelle maison de campagne, en Hainaut. Il soigne son asthme, et quand il tousse il n'entend pas le canon.

LE ROI.
Un siége de six mois, marquis !

LOUVOIS.
De quinze jours, sire.

LE ROI.
Il est vrai que j'ai Vauban.

LOUVOIS.
Vauban et moi. Je réponds de l'entreprise sur ma tête. En deux heures de travail, sire, je vous communiquerai tous les plans. Je vous prouverai le succès !... Mais ce soir Votre Majesté doit être à cheval sur la route de Flandre.

LE ROI.
Ce soir !...

LOUVOIS.
Un obstacle ?...

LE ROI.
Oui, Louvois.

LOUVOIS.
Sérieux ?

LE ROI.
Ma parole est engagée.

LOUVOIS.
Ah !

LE ROI.
Je ne sais pas pourquoi je cacherais mes desseins à mon plus fidèle serviteur. Des desseins que, d'ailleurs, toute l'Europe connaîtra demain. Louvois, demain, je fais convoquer les princes, les prélats, la noblesse, le parlement.

LOUVOIS.
Pour ?

LE ROI.
Pour déclarer mon mariage avec madame de Maintenon.

LOUVOIS, stupéfait.
Déclarer !...

LE ROI.
Prévenez le chancelier ; faites que ma volonté s'exécute dans les formes voulues.

LOUVOIS.
Sire... vous ne me répéterez pas cet ordre !...

LE ROI.
Pourquoi ?

LOUVOIS.
Parce que je sens que mon zèle m'emporte, parce que je vais peut-être manquer de respect à mon maître et que.... (Il tire précipitamment son épée.) et que Votre Majesté, je l'espère, me tuera d'un coup de cette épée avant que de me contraindre à trahir ainsi sa gloire et l'honneur de la couronne.

LE ROI, rejetant l'épée.
Êtes-vous insensé, monsieur ?...

LOUVOIS.
Sire, on m'a accusé, méprisé pour vous avoir trop bien servi ! Sire, on m'a nommé le bourreau des huguenots, le boute-feu du Palatinat. Je porte au front cette double tache ; écoutez-moi ou tuez mon corps comme déjà j'ai tué mon âme... Sire, j'apprécie le mérite de la marquise ; mais vous n'imposerez pas pour reine à votre noblesse l'ancienne servante d'un gentillâtre de village ; vous ne donnerez pas pour mère à vos enfants la veuve du poëte Scarron. Je sais que je vous blesse, je sais que je mérite la mort, mais puisque vous repoussez mon épée, je réclame l'échafaud pour qu'on m'entende mieux proclamer la vérité !

LE ROI.
Malheureux !...

LOUVOIS, à genoux.
O mon prince !... ô mon maître !... O mon Dieu !... Prenez ma vie, mais ne déshonorez pas mon idole !...

LE ROI, ému le relevant.
Louvois, ce que je fais, il m'est impossible de ne pas le faire. Sans un événement qui vient de nous frapper, la marquise et moi, nous eussions gardé le silence, cela convenait mieux à l'intérêt de l'État, à la paix de ma famille ; mais cet acte de mariage vient d'être volé à la marquise... Notre secret, quelque misérable peut l'exploiter, le divulguer par toute l'Europe, dont il nous rendra la fable et la risée. Ce que je n'eusse pas accepté hier, je le veux aujourd'hui. Le vol de cet acte m'y décide... Le mariage sera déclaré.

LOUVOIS, à lui-même.
Je me suis pris à mon piège.

LE ROI.
Conseilleriez-vous au roi d'être moins honnête que le premier venu du royaume ?

LOUVOIS.
Non, certes, sire ; mais avant de prendre ce parti extrême, avant de donner à Votre Majesté, devant les autres rois de l'Europe, un semblant d'infériorité, ne saurait-on remédier au mal ?

LE ROI.
Comment ?

LOUVOIS.
Que craignez-vous ? la publicité donnée à cet acte ?... Eh bien ! si on l'étouffe. L'acte a été volé ? Si on prend le voleur, sans bruit, sans éclat. C'est difficile. Eh bien ! je m'en charge. Accordez-moi un jour, quelques heures. Je réussirai !... Je réussis toujours quand il s'agit de servir mon roi. Et si j'échoue... eh bien ! demain il sera temps encore. Laissez-vous une chance, sire. Madame la marquise elle-même vous le conseillerait, car elle vous aime, et elle sait bien que la déclaration de ce mariage vous fera plus de tort que vingt batailles perdues.

LE ROI.
Certes !

LOUVOIS.
Sire, laissez-moi faire, je connais madame de Maintenon. Ce n'est pas son ambition qu'il faut satisfaire, mais sa conscience. Rendez-lui cet acte, elle vous rendra votre parole.

LE ROI.
D'ici à ce soir ?

LOUVOIS.
Peut-être avant.

LE ROI.
Mais si à quatre heures l'acte n'est pas rendu ?...

LOUVOIS.
A cinq j'aurai dressé les lettres de convocation du parlement.

LE ROI.
C'est bien... Quoi qu'il arrive, la marquise aura eu satisfaction. A l'œuvre, marquis !

LOUVOIS, à lui-même.
L'honnête homme s'échappe par la porte que vient d'ouvrir l'homme habile. (Au roi qui sort.) Pardon, sire, nous avons à travailler aujourd'hui.

LE ROI.
Je vous ferai savoir l'heure. (Il sort.)

SCÈNE VIII.
LOUVOIS, seul.

Si elle me voyait en ce moment, c'est moi qui rayonne à mon tour. A l'œuvre, comme dit le roi... (Il ouvre, pour sortir, la porte masquée, et aperçoit la Marquise debout derrière.) Elle !...

SCÈNE IX.
LOUVOIS, LA MARQUISE.

Monsieur, un homme aussi habile que vous n'a pas besoin

d'une demi-journée pour trouver notre voleur. Je gagerais que vous le connaissez déjà. Quant à l'acte, si vous le retrouvez, comme j'en suis sûre, gardez-le, il pourra vous servir encore... Moi, je n'en ai plus besoin. Vous venez de rendre au roi, monsieur, un de ces services qui ne s'oublient jamais... Et moi, sa femme, je vous prouverai à l'occasion que j'ai bonne mémoire... Adieu, monsieur de Louvois. (Elle sort.)

LOUVOIS, consterné.

Elle était restée... elle a tout entendu... Si je ne la perds pas, elle me perdra... C'est égal, le mariage ne sera pas déclaré encore... et je vais occuper le roi avec une bonne guerre !... Holà ! quelqu'un ! (Il s'assied devant la table et commence à travailler.)

SCÈNE X.
LOUVOIS, DESBUTTES.

LOUVOIS.
C'est toi, coquin ; tu arrives ?

DESBUTTES.
Oui, monseigneur.

LOUVOIS.
Mademoiselle de Savières ?

DESBUTTES.
Est entrée aux Clarisses de Valenciennes... Voici le reçu de la supérieure.

LOUVOIS, sonne, un officier paraît.
Le conseil de guerre ?

L'OFFICIER.
Il délibère... On y attend monseigneur.

LOUVOIS.
J'y vais... Et ce brigand qui a brûlé l'effigie du prince d'Orange ?

L'OFFICIER.
On l'amène ; le voici.

SCÈNE XI.
LES MÊMES, LAGOBERGE.

LOUVOIS.
Quoi ! cet homme ?

DESBUTTES, à part.
Lagoberge... Oh ! pauvre garçon, pare celle-là !

LOUVOIS.
Laissez-nous. (Tout le monde sort.) Quoi ! misérable, c'est toi qui vas crier le nom du roi sur un échafaud ?

LAGOBERGE, timidement.
Guillaume d'Orange était un ennemi, j'ai cru ne pas déplaire au roi.

LOUVOIS.
Mais mon nom, à moi ?

LAGOBERGE.
C'était pour faire à monseigneur un peu de popularité... D'ailleurs, j'ai cru ne pas désobliger le facteur Borssmann.

LOUVOIS, pâlissant.
Ah !... c'est vrai, mon secret est dans les mains de cet homme... Lagoberge, vous avez cru me servir vous, vous êtes trompé ; mais l'intention était bonne. (Appelant.) Vous laisserez passer cet homme, il est libre. (Étonnement général.) Vous devez être son argent, Lagoberge ? Présentez-vous dans deux heures à mon hôtel... Allez !... (A l'officier.) Je passe au conseil et je reviens aussitôt... (A lui-même.) Madame de Maintenon, Lavernie et ce drôle... je n'ai pas perdu ma journée. (Il sort.)

SCÈNE XII.
DESBUTTES, LAGOBERGE, restés seuls.

LAGOBERGE.
Quand je disais que j'étais sûr de mon affaire !

DESBUTTES.
Et moi aussi, va, j'en suis sûr.

LAGOBERGE.
Ma fortune est faite, n'est-ce pas ?

DESBUTTES.
Tu es perdu.

LAGOBERGE.
Hein ?

DESBUTTES.
Quoi ! triple brute ! tu sais un secret de monsieur de Louvois, tu as laissé échapper l'autre soir la religieuse, tu fais aujourd'hui un scandale à Versailles, et tu crois qu'on va te donner des confitures ?

LAGOBERGE.
Tu me fais peur.

DESBUTTES.
As-tu des jambes ?

LAGOBERGE.
Oh !

DESBUTTES.
Tâche d'en faire un tel usage d'ici à deux heures, que toute la cavalerie de monsieur de Louvois ne puisse pas te rattraper, ou tu es un homme mort.

LAGOBERGE.
Mais...

DESBUTTES, lui indiquant le fond de la galerie, qu'on ne peut voir.
Tiens, regarde un peu notre maître, et vois à qui il parle.

LAGOBERGE.
Des archers !

DESBUTTES.
Et son geste, toi qui te connais en gestes.

LAGOBERGE.
Il désigne cette galerie.

DESBUTTES, ouvrant la porte masquée.
Voilà une jolie petite porte, ami Lagoberge.

LAGOBERGE.
Oh ! ami Desbuttes ! — Mais je sais où j'irai, je me vengerai ! (Il s'enfuit après l'avoir embrassé.)

SCÈNE XIII.
DESBUTTES, le regardant courir, JASPIN.

DESBUTTES.
Il n'y a rien à dire, les jambes sont bonnes.

JASPIN, entrant effaré.
Madame de Maintenon... il faut que je lui parle.

DESBUTTES.
Eh !... c'est mon parrain !

JASPIN.
Ah !... c'est toi !... Madame de Maintenon ?

DESBUTTES.
Mais elle n'est pas là !

JASPIN.
Elle y était.

DESBUTTES.
Elle n'y est plus.

JASPIN.
Elle doit y être... (Il veut s'avancer.)

DESBUTTES, s'opposant.
Eh ! la !

JASPIN.
Je vous dis que je passerai. Madame !...

DESBUTTES.
Mais quand je vous dis qu'il n'y a personne, et que la marquise est partie en carrosse !

JASPIN.
Je veux voir. (Il se jette dans M. de Louvois qui rentre.)

LOUVOIS.
Hé !... hors d'ici ! (Desbuttes sort.)

JASPIN, reconnaissant Louvois et reculant.
Ah !

LOUVOIS.
Je vous reconnais... que voulez-vous ?

JASPIN.
Vous devez bien le savoir, monsieur.

LOUVOIS.
Je ne sais rien.

JASPIN.
C'est pourtant vous qui avez fait arrêter le comte Gérard, monseigneur, un jeune homme que j'ai élevé, mon cher seigneur... un innocent dont la mère est morte entre mes bras. On m'a laissé aller, moi, mais lui, on le retient.

LOUVOIS.
C'est vous qui m'avez montré le poing en me disant que j'étais un monstre.

JASPIN, s'humiliant.
Oh !...

LOUVOIS.
De quoi venez-vous me menacer encore ?

JASPIN.
Grâce !

LOUVOIS.
Je n'ai pas le droit de faire grâce.

JASPIN.
C'est vous qui êtes l'offensé.

LOUVOIS.
Non, c'est le roi.

JASPIN.
Si le roi était là, je lui parlerais ; si madame la marquise était là...

LOUVOIS.
Il n'y a que moi, monsieur, moi et le conseil de guerre !

JASPIN.
Aussi est-ce vous que je supplie... Je pleure... mon Dieu ! peut-on avoir le courage de voir pleurer un homme... Grâce !

LOUVOIS.
Il est trop tard.

JASPIN.
Pourquoi trop tard ?

LOUVOIS.
Parce que l'arrêt vient d'être prononcé.

JASPIN.
L'arrêt... qui condamne Gérard ?

LOUVOIS.
A la peine de mort.

JASPIN, avec un cri terrible.
Ah !

LOUVOIS.
Allez vous adresser au conseil, monsieur le duc de Maine est miséricordieux.

JASPIN.
Et il fera grâce... j'y cours.

LOUVOIS.
Il n'en a pas le droit plus que moi.

JASPIN, revenant.
Alors pourquoi me dites-vous de l'aller trouver ?... pour me renvoyer, n'est-ce pas ? (Louvois hausse les épaules.) Eh bien, alors, je ne m'en vais pas.

LOUVOIS.
Vous risquez gros, mon cher monsieur.

JASPIN.
Bah ! quoi donc ?

LOUVOIS.
Allez faire vos adieux au condamné. Les jugements du conseil s'exécutent sans délai. Adieu, monsieur Jaspin.

JASPIN, lui barrant le passage.
Je vous ai dit que vous étiez un monstre... Eh bien, je vous dis que vous êtes un scélérat.

LOUVOIS.
Le ministre de la guerre ne s'occupe pas des cuistres de collége... Mais je vous enverrai à votre recteur. Vous tâterez du cachot.

JASPIN.
Vous allez me mener tout de suite à madame la marquise.

LOUVOIS.
Hein ?

JASPIN.
Je ne vous lâche pas. Chez la marquise !

LOUVOIS.
Misérable !

JASPIN, exaspéré.
Ah ! tu touches à monsieur de Lavernie, toi ! Ah ! tu joues avec les secrets de madame de Maintenon, qui est reine de France !

LOUVOIS.
Les secrets de madame de Maintenon !

JASPIN.
Eh bien, elle te perdra, Louvois ; fais tomber un cheveu de la tête de Gérard, elle fera rouler la tienne sur un échafaud !

LOUVOIS, à part.
Oh ! cette protectrice dont m'a menacé la mère. (Le rappelant.) Eh bien, quoi... Jaspin, monsieur Jaspin, ce jeune homme est-il donc si intéressant pour la marquise ?

JASPIN.
Il le demande !

LOUVOIS.
Voyons, voyons... S'il en est ainsi, rien de plus simple. Accorder la grâce m'est impossible, mais je puis signer un sursis. Asseyez-vous... calmez-vous... Tout s'arrange en ce monde pourvu qu'on s'explique, bon Dieu ! (Il assied doucement Jaspin et se penche vers lui avec force caresses.)

JASPIN.
Ne blasphémez pas Dieu !

LOUVOIS.
Là, là, là !.. patience. Prouvez-moi un peu que madame de Maintenon s'intéresse à ce jeune homme... C'est un petit secret... Eh bien, mon brave Jaspin, voyons... vous êtes un digne homme, vous défendez vos amis, au moins ! Tenez, je signe ce sursis. Je signe, vous voyez, mais parlez. Ah ! parlez, sinon je croirai que vous abusez du nom de la marquise pour me fléchir, et je déchire le sursis.

JASPIN, près de parler.
Eh bien ?

LOUVOIS, avidement.
Eh bien ?

CRIS au dehors.
Vive le roi !

UN OFFICIER.
Le roi rentre avec madame de Maintenon, monseigneur.

JASPIN.
Madame de Maintenon est ici, au château... Ah ! Gérard est sauvé. Gardez votre sursis, monseigneur, je n'en ai plus que faire. (Il s'élance et s'enfuit.)

LOUVOIS, abattu.
Les secrets de madame de Maintenon !

TROISIÈME TABLEAU.

Chez Mme de Maintenon, à Versailles.—Une grande chambre sévèrement tendue et meublée.—Prie-Dieu au premier plan, à gauche.—Porte et fenêtre aussi à gauche. — Vaste cheminée au fond. — Deux portes à deux battants dans les deux pans coupés.— A droite, petite porte des offices.

SCÈNE PREMIÈRE.

MANSEAU, rangeant ; puis NANON.

NANON.
Mon Dieu ! monsieur Manseau, si vous y allez de ce train-là, votre service ne sera pas fini avant ce soir.

MANSEAU.
Mademoiselle, madame est au grand degré, occupée à fixer ses audiences, et j'ai bien le temps. D'ailleurs, madame n'est jamais pressée de dîner.

NANON.
Voilà peut-être la seule différence qu'il y ait entre moi et madame.

MANSEAU.
L'appétit.

NANON.
Du reste, je ne comprends pas comment madame se fatigue tant avec tout ce monde. Elle n'aurait, quand cela l'ennuie, qu'à me laisser paraître à sa place, personne ne s'en apercevrait. Même taille, même goût dans les ajustements, on dirait deux sœurs.

MANSEAU.
Hum !

NANON.
Plaît-il ?

MANSEAU.
Il y a bien encore quelque petite différence.

NANON.
Bon... laquelle ?... Madame est pieuse, moi aussi... austère moi aussi... respectée de tout le monde ; moi, c'est à qui me fera sa cour. Tel est le privilège des réputations sans tache. J'ai même une nuance de plus à mon avantage, je suis demoiselle, moi !

MANSEAU.
C'est vrai.

NANON.
Mais je tombe de fatigue. Tout roule sur moi ici, et personne ne me seconde : je meurs de besoin, et nul n'y songe.

MANSEAU.
Que ne me le disiez-vous, mademoiselle ? je me serais empressé de vous faire servir. Voulez-vous dîner tout à fait, ou seulement vous rafraîchir ?

NANON.
Que prendra madame?

MANSEAU.
Une soupe au riz et des becfigues.

NANON.
Eh bien! qu'on me serve la même chose.

MANSEAU.
Ah! mademoiselle, il n'y a de becfigues que pour madame, elle mange si peu!... Mais nous vous trouverons des mauviettes.

NANON.
Eh bien! le plus tôt possible.

MANSEAU.
Tout de suite, si vous voulez.

NANON.
Voici madame... j'irai tout à l'heure à l'office.

SCÈNE II.

LES MÊMES; DEUX VALETS ouvrent à deux battants la porte de droite. On voit LA MARQUISE saluer une foule de courtisans qu'elle congédie.

LA MARQUISE, chargée de lettres et de placets.
Au revoir, messieurs. (Elle rentre, les portes se ferment.) Nanon, je suis épuisée, j'ai à écrire, je ne recevrai personne avant deux heures... veille à ce qu'on ne me trouble point. Personne! tu entends. (La Marquise rentre chez elle.)

NANON.
Bien, madame. Je vais avoir le temps de dîner. (Aux femmes qui passent pour entrer chez la Marquise.) Je suis épuisée, j'ai à écrire... qu'on ne me dérange point avant deux heures... Personne! vous entendez.

MANSEAU.
Mademoiselle, les mauviettes sont prêtes.

NANON.
Je descends.

SCÈNE III.
LES MÊMES, DESBUTTES.

DESBUTTES.
Hé!... holà!... au secours!..... gare!...

NANON.
Quoi?

DESBUTTES.
Je viens vous prévenir de la part de monsieur de Louvois.

MANSEAU.
Qu'y a-t-il?

DESBUTTES.
Un homme s'est introduit dans les appartements... Il m'a échappé en chemin... mais j'ai prévenu les huissiers... En attendant, gare!

NANON.
Un homme!

MANSEAU.
Un malfaiteur!

DESBUTTES.
Un fou. (On entend un bruit épouvantable derrière la porte des offices.)

NANON.
Aïe!

DESBUTTES.
Oh!

MANSEAU.
Qu'est-ce? (Tout à coup la porte s'ouvre et une sorte de boule noire et grise vient rouler jusque dans la chambre.)

JASPIN, se relevant.
Madame de Maintenon, s'il vous plaît.

NANON.
Hi!... aïe!... ah!

MANSEAU.
Halte!

DESBUTTES.
C'est mon homme.

HUISSIERS, accourant.
Où est-il? où est-il?

NANON.
Le voici.

L'HUISSIER, le saisissant.
Ah! mon gaillard!... Merci, mademoiselle Nanon.

JASPIN.
Nanon? (Il se dégage et court regarder Nanon.) Nanon! Balbien!

NANON.
Eh bien! après?

JASPIN.
Nanon! cette jeune servante de madame Scarron!... Nanon qui... Nanon quoi...

L'HUISSIER.
Ah çà! avez-vous bientôt fini de dévisager mademoiselle?

JASPIN.
Mais c'est elle, je la reconnais. Nanon, reconnaissez-moi donc!

NANON.
Monsieur!

JASPIN.
En 1660, route de Lorraine!

NANON.
Monsieur!

JASPIN.
Un petit précepteur joufflu...

NANON.
Monsieur!

JASPIN.
Tandis que vous attendiez votre maîtresse, alors en voyage.

NANON.
Oh!

JASPIN.
J'avais vingt-cinq ans, vous en aviez...

NANON.
Voulez-vous vous taire!

JASPIN.
Quand nous avons baptisé... (Il désigne Desbuttes.)

DESBUTTES.
Ma marraine!

JASPIN.
Ma commère!

NANON, aux huissiers.
Vous pouvez vous retirer, messieurs.

MANSEAU.
Ah! diable!

JASPIN, aux huissiers.
Allons, vite!

DESBUTTES, à Nanon.
Et moi aussi, ma marraine?

NANON.
Hou! (Elle les met dehors, et tombe comme évanouie.)

DESBUTTES.
Voilà qui intéressera monsieur de Louvois. (Il sort.)

JASPIN, prenant la main de Nanon.
Ce n'est pas tout cela, menez-moi à la marquise.

NANON.
Mais, c'est impossible.

JASPIN.
Rien n'est impossible, belle Nanon.

NANON.
Madame attend le roi.

JASPIN.
Le roi attendra.

NANON.
Mais que dire à madame?

JASPIN.
Que je suis votre compère.

NANON, se levant.
Vous voulez donc me déshonorer!

JASPIN.
Ah! bah!

NANON.
Prenez garde!

VOIX DE LA MARQUISE.
Nanon, quel est donc tout ce bruit?

NANON, avec angoisse.
Oh!

JASPIN, désignant la petite porte à gauche.
Quoi!... Elle est là!... (Il y court.)

NANON.
Vous me perdez. (Elle l'arrête.)

JASPIN, se dégageant.

Madame!... (Nanon s'accroche encore à lui.) Laissez-moi donc!... (Il renverse une chaise.)

SCÈNE IV.
Les Mêmes, LA MARQUISE.

LA MARQUISE, sur le seuil.

Ah çà! Nanon, qu'y a-t-il?

NANON.

Je suis morte!

JASPIN, gracieusement.

Madame...

LA MARQUISE.

Que veut cet homme?

JASPIN.

Une petite audience.

LA MARQUISE, sévèrement.

Et mes ordres, Nanon!

JASPIN, à Nanon.

Ah çà! pas de mollesse... ou sinon...

NANON.

Ah! maudit baptême!... (Présentant Jaspin.) Monsieur Jaspin, madame. (Elle s'enfuit.)

JASPIN.

Ouf!...

SCÈNE V.
LA MARQUISE, JASPIN.

LA MARQUISE, debout, froide.

Eh bien! monsieur?...

JASPIN, à lui-même.

Par où commencer?... Quand on parle aux grands, c'est la première parole qui est importante, ils n'entendent souvent que celle-là.

LA MARQUISE.

J'attends... Si mademoiselle Balbien vous a conduit à moi, c'est sans doute pour quelque objet de conséquence... (Signe de Jaspin.) Dans l'intérêt de l'église, peut-être?

JASPIN, de plus en plus troublé.

Je ne trouve rien, je ne trouve rien.

LA MARQUISE.

Tâchez de vous hâter, mon temps est pris.

JASPIN.

Madame, je venais demander à votre...—Il ne faut peut-être pas l'appeler majesté—à votre bonté, la grâce d'un pauvre jeune homme condamné...

LA MARQUISE.

Ah! ce n'est que cela?... J'ai l'habitude de ne pas me mêler des affaires de la justice. (Elle le congédie du geste.)

JASPIN.

Mais ce jeune homme s'appelle Lavernie.

LA MARQUISE, se retournant vivement.

Quel Lavernie?

JASPIN.

Lavernie en Argonne.

LA MARQUISE, à part.

Qu'est-ce que cela signifie? (Silence.) Vous m'avez entendue... je ne puis rien.

JASPIN.

Mais, madame, vous ne vous rappelez donc pas la comtesse de Lavernie?

LA MARQUISE.

Oh!... parfaitement.

JASPIN.

Une amie... Quelle amie!...

LA MARQUISE.

C'est vrai... Et vous veniez en son nom me prier de m'intéresser à ce jeune homme... Qui êtes-vous?

JASPIN.

Je suis le précepteur du comte Gérard.

LA MARQUISE, revenant.

Pourquoi madame de Lavernie n'est-elle pas venue? Pourquoi seulement ne m'a-t-elle pas écrit, quand il s'agit de son fils.

JASPIN, avec sanglots.

Elle est morte, madame.

LA MARQUISE.

Depuis quand?

JASPIN.

Il y a cinq jours.

LA MARQUISE.

Et ce jeune homme est condamné depuis?...

JASPIN.

Depuis une heure.

LA MARQUISE, avec défiance.

Et vous venez à moi tout de suite, comme cela?... Pourquoi à moi de préférence?

JASPIN.

Parce que...

LA MARQUISE, à part.

Il hésite.

JASPIN.

Parce que j'ai si souvent entendu madame la comtesse parler de votre amitié de jeunesse... Et puis, parce que les arrêts du conseil de guerre s'exécutent sans délai, à ce qu'on dit.

LA MARQUISE.

C'est un conseil de guerre qui a jugé? De quoi donc ce jeune homme est-il coupable?

JASPIN.

Il a résisté à monsieur de Louvois.

LA MARQUISE.

De l'insubordination! C'est grave... mais enfin, je parlerai, je solliciterai.

JASPIN.

Oh! mais il n'y a pas de temps à perdre. Monsieur de Louvois est furieux.

LA MARQUISE.

De quoi?

JASPIN.

Vous comprenez bien que je ne l'ai pas ménagé. Quand j'ai vu qu'il voulait tuer Gérard, je l'ai menacé, moi, d'abord, et rudement.

LA MARQUISE.

Menacé!

JASPIN.

Ah! lui ai-je dit, vous vous attaquez à un Lavernie!... Eh bien! nous verrons ce que dira madame de Maintenon.

LA MARQUISE, effrayée.

Vous avez dit cela à monsieur de Louvois?

JASPIN.

Sans doute, madame. Il me refusait la grâce du comte, bien qu'il sût votre amitié pour la famille. Il a bien fallu...

LA MARQUISE.

Mais vous avez eu grandement tort, monsieur... Que j'aie eu des rapports d'amitié avec la famille dont il s'agit, cela ne regarde en rien le ministre. Et puis, moi, je n'ai pas de pouvoir, je n'entre jamais en lutte avec les ministres du roi, qui sont les interprètes de ses volontés. Si vous avez menacé de moi monsieur de Louvois, je vous désavoue, je vous blâme.

JASPIN, à lui-même.

J'ai fait une sottise!... Que serait-ce donc si elle savait combien peu il s'en est fallu que je ne disse tout!... Madame, je croyais pouvoir compter que vous n'abandonneriez pas monsieur de Lavernie.

LA MARQUISE.

Et pourquoi cela?

JASPIN.

En mémoire de sa mère.

LA MARQUISE.

Il n'est pas d'amitié qui force le devoir, monsieur. Si toutes les personnes qui m'ont été amies se targuaient de cette amitié pour offenser le roi ou les lois, et venir menacer de moi les ministres, on verrait d'étranges choses! Quiconque outrage les lois est mon ennemi, et j'abandonne un coupable sans regrets, sans remords, sans souvenirs d'une amitié que, d'ailleurs, son crime dénoue... Monsieur de Louvois!... Mais je lui dirai moi-même mes principes à cet égard! Ainsi, monsieur, ne comptez plus sur moi... J'eusse agi peut-être efficacement pour sauver le fils d'une ancienne amie; mais puisque vous avez été me compromettre et vous compromettre vous-même, prenez que nous n'avons rien dit... Ah! monsieur, mon cœur saigne, mais je suis surprise qu'un homme de votre âge et de votre caractère ait commis une pareille inconvenance. Les gens de votre condition, monsieur, doivent être patients et humbles. Adieu, monsieur.

JASPIN, atterré.

Oh! elle a raison. D'un mot je l'écraserais; soyons patient et humble, ménageons-la... Enfin, madame, vous ne perdrez pas, par la faute du pauvre Jaspin, un homme généreux et innocent qui porte le nom de Lavernie.

LA MARQUISE.

Portât-il celui de d'Aubigné, fût-il mon frère!... je ne le perdrai pas, non... mais je le laisserai à la justice.

JASPIN.

C'est votre dernier mot... Elle l'a voulu... Eh bien! à mon tour. Madame, il ne s'agit pas ici de justice ou même de charité chrétienne, c'est bon dans les circonstances ordinaires.

LA MARQUISE, stupéfaite.

Plaît-il?

JASPIN, s'exaltant.

Il ne s'agit pas, je le répète, d'un fils de famille plus ou moins coupable qu'on abandonne aux lois... non, monsieur de Lavernie est bien autre chose que tout cela.

LA MARQUISE.

Qu'est-il donc?

JASPIN.

Vous n'ignorez pas, madame, que la comtesse avait deux fils, deux jumeaux.

LA MARQUISE, à part.

Ah! (haut.) Je le sais en effet.

JASPIN.

Oui, madame; mais ce que certainement vous ne savez pas, sans quoi je vous eusse trouvée plus douce et plus miséricordieuse, c'est une histoire bien sombre; écoutez-la... abaissez votre regard des hauteurs où vous planez sur les misères de cette terre, apprenez ce que souffrent ici-bas les mères qui ne sont pas reines, les reines qui ne sont pas mères!

LA MARQUISE, épouvantée.

Mais qu'allez-vous me dire, monsieur?

JASPIN.

Le secret que madame de Lavernie, votre amie si dévouée, m'a confié au lit de la mort.

LA MARQUISE.

Un secret... ayant rapport, à qui?

JASPIN.

A la naissance de ces jumeaux. (La Marquise tombe sur un fauteuil.) Le jour même de l'entrée du roi et de la reine à Paris, le vingt-six août mil six cent soixante, en l'absence du comte de Lavernie, qui commandait un régiment sous monsieur de Turenne, la comtesse donna naissance à un fils...

LA MARQUISE.

Vous vous trompez, monsieur, à deux enfants.

JASPIN.

Je ne puis pas me tromper, madame; j'étais arrivé le jour même dans le canton. Sans ressources, j'avais faim, je m'offris au château en qualité de précepteur... Ignorant, c'est vrai, j'espérais en savoir toujours plus qu'un enfant. Je trouvai madame de Lavernie encore debout, elle me souriait... Si vous saviez comme elle était belle, malgré la pâleur de ses premières souffrances, comme sa parole était douce, comme cette jeune femme promettait une noble mère!... (Sanglotant.) Pardon, mais c'était un ange qu'on ne pouvait regarder sans avoir l'envie de lui sourire, et je ne pourrai jamais penser à elle sans avoir envie de la pleurer.

LA MARQUISE.

C'est vrai... oui... c'est vrai.

JASPIN.

Elle m'accorda ma demande, à condition que je prierais pour son heureuse délivrance... oh! comme je priai! La nuit vint... je guettais, pour avoir des nouvelles, auprès du petit pont, vous savez... (Mouvement de la Marquise.) Pardon, vous n'êtes peut-être jamais venue à Lavernie... Je guettais, dis-je, et bientôt, j'entendis passer le chirurgien qui s'en retournait en disant : La comtesse est bien heureuse, elle a un un fils... Cependant, le lendemain, quand j'allai au château demander qu'on offrît mes félicitations à la comtesse, j'entendis sa voix qui répondait : Remerciez monsieur Jaspin, j'ai deux fils, il aura deux élèves.

LA MARQUISE.

Deux fils!... vous voyez bien... le fait est que, dans la nuit, après le départ du chirurgien, la comtesse avait été saisie de douleurs nouvelles et qu'un second fils lui était né... Voilà, du moins ce que disait sa lettre... je l'avais... je l'ai, je crois, encore.

JASPIN.

Cette lettre vous disait ce que la comtesse voulait bien dire à tout le monde, mais vous oubliez toujours, madame, que je vous parle d'un secret et que vous ne pouvez pas le savoir.

LA MARQUISE.

Mais alors, pourquoi me racontez-vous un secret que Dieu lui-même vous ordonne de taire, puisqu'il vous a été révélé au chevet d'un mourant?

JASPIN.

Parce qu'en le révélant, madame, je sauverai la vie d'un homme, et que Dieu n'a jamais ordonné à un chrétien de laisser mourir une créature qu'il peut sauver.

Mon Dieu!... jusqu'où sait-il?... Peut-être ne sait-il pas tout... du courage! (A Jaspin.) Continuez! (Elle lui indique un pliant près de son fauteuil, il s'assied.)

JASPIN.

Ce que personne n'a su, c'est que la comtesse avait reçu le jour même, à la petite porte du parc, une amie à elle, une ancienne et bien chère amie, victime de ce monde brillant où toutes deux avaient vécu. Cette femme venait de quitter Paris en toute hâte pour cacher à tous les yeux une grossesse qui la déshonorait. Elle s'était rappelé la comtesse si heureuse et si pure... elle la supplia, elle lui ouvrit son cœur dévoré par le désespoir. De vrai, madame, la comtesse était la providence des malheureux, vaillante et ingénieuse dans ses charités!... « Je vous comprends, dit-elle, à son amie. Ne parlez plus de déshonneur, de désespoir, de mort. Le comte est absent; mais présent il ne me désavouerait pas. Je prendrai votre enfant; je l'élèverai avec le mien, et nul, excepté mon mari, ne saura jamais votre secret, tant que vous ne m'en aurez pas dégagée vous même. »

LA MARQUISE.

Oh! (Elle respire un flacon.)

JASPIN.

Tout s'exécuta comme la comtesse l'avait prescrit. La fugitive, seule, étouffant ses cris, donna le jour à un fils dans le pavillon de chasse, perdu au fond du bois... Presque à la même heure, madame de Lavernie embrassait son fils à elle, un enfant donné par Dieu au milieu de la maison en joie... Puis, après le départ du chirurgien, quand la comtesse eut renvoyé tout le monde... la nuit était tiède, obscure... alors, la pauvre femme apporta furtivement son fils au château, le mit dans les bras de la comtesse et disparut dans les parterres. Voilà comment, madame, le lendemain deux jumeaux reposaient près de madame de Lavernie.

LA MARQUISE.

Oui, la comtesse était un ange... mais l'autre mère... vous la connaissez, n'est-ce pas? madame de Lavernie vous aura confié son nom.

JASPIN.

Jamais, madame, et si je vous ai dit le secret, c'est pour que vous m'aidiez à la retrouver.

LA MARQUISE, se levant.

A quoi bon?

JASPIN.

Parce que la destinée a ses caprices. Parce que cette femme est peut-être devenue puissante, et que... si vous ne pouvez rien pour Gérard... elle, peut-être, le sauvera!

LA MARQUISE.

Elle ne s'intéressera pas plus que moi; je vous le jure, au fils de la comtesse, notre amie... ne cherchez pas.

JASPIN.

Oh! pardon... elle s'y intéressera bien plus quand je lui aurai tout dit; car, mon secret, madame, vous n'en savez encore que la moitié.

LA MARQUISE.

Grand Dieu!

JASPIN.

La comtesse vous a écrit qu'un de ses fils était mort.

Oui.

JASPIN.

Vous savez que son mari venait d'être tué à Maëstricht qu'elle venait de perdre un des deux enfants, et qu'elle n'avait plus pour soutien, pour affection, pour espoir, que ce dernier des deux jumeaux mes élèves.

LA MARQUISE.

Eh bien?

JASPIN.

« Eh bien! se dit-elle... c'est moi qui l'ai élevé, ce pauvre enfant, personne ne l'aimera comme moi... Serait-il juste qu'un jour, par caprice, on vint me l'enlever? D'ailleurs, qui saura jamais s'il n'est pas le fruit de mes entrailles? Le sait-il lui-même? Non. »

LA MARQUISE.

Mais, monsieur, celui des deux jumeaux qui est mort...

JASPIN.

C'était le fils de madame de Lavernie.

LA MARQUISE.

En sorte que le survivant?

JASPIN.

Celui qui survit, celui qu'on appelle le comte Gérard, le malheureux que monsieur Louvois fait tuer peut-être en ce moment, c'est le fils que l'inconnue avait déposé dans les bras de la comtesse, et je vous prie de m'aider à retrouver la mère, pour qu'elle le sauve au moins de l'échafaud.

LA MARQUISE, écrasée, reste un moment sans voix, sans forces.

Ah!... (Jaspin tombe à genoux. La marquise le relève.) Vous dites qu'il vient d'être condamné par le conseil de guerre?

JASPIN.

Présidé par monsieur le duc du Maine.

LA MARQUISE.

Mon élève à moi. Dieu est bon!... Mais vous avez parlé à Louvois... il sait donc?...

JASPIN.
Rien. J'allais parler, quand on m'a dit que vous étiez à Versailles.
LA MARQUISE.
Il doit soupçonner quelque chose, puisque vous l'avez menacé.
JASPIN.
Il soupçonne que vous défendrez peut-être le fils d'une ancienne amie.
LA MARQUISE, avec éclat.
Si je le défendrai ! jusqu'à la mort !
JASPIN.
Mon Dieu ! votre bonté est infinie.
LA MARQUISE, qui a saisi une plume et qui a écrit.
Tenez, est-ce cela ? voyez. (Elle lit haut à mesure qu'elle écrit. Jaspin suit des yeux sa main qui court sur le papier.) « A monsieur le duc du Maine. » Monseigneur, c'est la première fois que vous présidez un conseil de guerre, et quand un fils de roi prononce sa première » sentence de mort, cela équivaut, pour le coupable, à la rencontre qu'il ferait du carrosse d'un roi sur le chemin du supplice. Je demande la vie et l'honneur pour le condamné. Signé » MARQUISE DE MAINTENON. »
JASPIN.
Oh ! (Il baise le papier et s'élance vers la porte.)
LA MARQUISE.
Chez le roi ! (L'arrêtant.) Un mot... Et lui, que sait-il, lui, Gérard ?
JASPIN.
Il sait que sa mère est morte... qu'il ne lui reste plus rien au monde... et il se prépare à bien mourir.
LA MARQUISE.
Vrai ? (Jaspin étend la main vers la croix du prie-Dieu. La Marquise serre cette main dans les siennes.) Nanon !

SCÈNE VI.
LES MÊMES, NANON.
LA MARQUISE.
Nanon, prenez monsieur par la main et conduisez-le sur-le-champ à monsieur le duc du Maine, dans le cabinet du roi, et ramenez-le ?
NANON, surprise.
Madame...
JASPIN, fou de joie.
Allons... allons... oui, par la main. (Il entraîne Nanon.) Allons !
LA MARQUISE, leur indiquant la petite porte de gauche.
Non ! par mes appartements !
NANON.
Mais c'est le diable !
JASPIN.
Allons, ma commère ! (Il l'entraîne dehors, enivré, en délire.)

SCÈNE VII.
LA MARQUISE, seule.
Oui... la destinée a ses orages !.. En vit-on jamais une plus cruelle que la mienne ! Ce secret m'éblouit et me foudroie. Ce secret aux mains d'un homme si chétif et si frêle qu'il n'aura pas la force de le porter!... Frêle et chétif, ce n'est rien, je le soutiendrais ; mais s'il était méchant, lâche ou cupide !... S'il allait abuser de cette victoire ! Non, il est simple et bon. Il est courageux même. Ce doit être une belle âme, puisqu'il a vécu vingt-cinq ans près de la comtesse de Lavernie... Lavernie ! ce nom que j'avais presque réussi à oublier !.. Aujourd'hui, il n'est plus seulement un nom, c'est un spectre, c'est une réalité terrible ! Si Jaspin se trahit, s'il laisse pénétrer en son âme les regards perçants qui plongent à chaque instant dans la mienne... ruine ! catastrophe épouvantable ! ignominie pire que la mort ! (Avec un doux sourire.) Eh bien, pourtant, dans ce chaos douloureux de mes idées, pêle-mêle avec ces souffrances qui me déchirent, on dirait que le sens comme une vague espérance, comme une joie, on dirait qu'il s'éveille quelque chose au fond de mon cœur, quelque chose de puissant qui engourdit en moi toute crainte... Ah ! ce jeune homme, je veux le voir... je veux... Mais d'abord est-il bien sauvé ? Arrivera-t-on à temps ? Nanon ne revient pas. Manseau !

SCÈNE VIII.
LA MARQUISE, MANSEAU.
Madame ?
MANSEAU.
LA MARQUISE.
Quoi, le nouveau ? que dit-on ? Ouvrez et regardez.
MANSEAU, à la fenêtre.
Monsieur le duc du Maine sort de chez le roi, madame, des officiers l'entourent, le félicitent ?

Ah !... ils le félicitent.
LA MARQUISE.
MANSEAU.
Oui... mais voilà quelqu'un qui ne paraît pas si satisfait... quelle sombre colère !
LA MARQUISE.
Monsieur de Louvois ?
MANSEAU.
Il écarte tout le monde, il vient de ce côté : il monte.
LA MARQUISE.
Il monte... oui, c'est l'heure de son travail avec le roi... ma tapisserie : laissez-moi. (Elle s'assied sa tapisserie à la main.)

SCÈNE IX.
LA MARQUISE, LOUVOIS.
LOUVOIS.
Madame... le roi n'est pas encore arrivé, je lui apportais le travail que j'ai promis.
LA MARQUISE.
Je sais que, grâce à vous, monsieur, Sa Majesté va posséder une belle et bonne armée. (Elle travaille.)
LOUVOIS.
Belle, peut-être... mais bonne, jamais. Il n'y a pas de bonne armée sans discipline et sans respect des chefs.
LA MARQUISE.
N'y a-t-il donc pas de discipline dans les armées du roi ?
LOUVOIS.
Comment en obtiendrait-on... quand des coupables, de mauvais soldats, qui se croient tout permis parce qu'ils ont quelque appui en cour, commettent les faits les plus graves contre la morale et la religion ? quand ils sont non-seulement tolérés, mais pardonnés... non-seulement pardonnés, mais applaudis ?
LA MARQUISE.
Applaudis ! Est-ce possible ? (Elle travaille plus activement encore.)
LOUVOIS.
Ne le sauriez-vous pas, madame ? Ne sauriez-vous pas que tout à l'heure, un de ces hommes, livré par moi au conseil de guerre, vient d'être élargi par un ordre surpris et arraché au roi, au scandale de toute l'armée?... je me figurais que vous ne l'ignoriez pas.
LA MARQUISE.
Je ne sais pas ce que vous voulez dire.
LOUVOIS, à part.
Elle nie... tant mieux !... (A la Marquise.) Cependant il m'a été assuré qu'une demande en grâce venait d'être envoyée à Sa Majesté.
JASPIN, se précipitant dans la chambre.
Le roi a signé... il est sauvé ! (Voyant Louvois.) Oh !
LA MARQUISE, à elle-même.
Du calme !
LOUVOIS.
Et je vois chez vous, madame, le porteur de cette demande en grâce.
LA MARQUISE.
En effet, j'ai demandé une grâce, mais pour un jeune homme dont je connais la famille. Vous me parliez, vous, d'un mauvais soldat, d'un misérable !... voilà pourquoi je ne vous comprenais pas : je ne protège jamais que d'honnêtes gens.
JASPIN, à part.
Attrape !
LOUVOIS.
Vous lui avez sauvé la vie c'est vrai ; mais voilà tout... et un homme, vivant on le retrouve... un officier, on le casse !
JASPIN.
Mon pauvre Gérard !
LA MARQUISE, bas à Jaspin.
Et... il est là ?
JASPIN.
Je l'avais amené.

SCÈNE X.
LES MÊMES, LE ROI, OFFICIERS, COURTISANS, puis LAVERNIE.
MANSEAU.
Le roi ! (Le Roi entre, vient saluer la Marquise, et s'assied près d'elle.)
LA MARQUISE.
Allons !... à partir d'aujourd'hui, plus de lâcheté ! (Haut.) Sire, l'officier dont vous venez de signer la grâce demande humblement à remercier Votre Majesté.
JASPIN.
C'est bien, cela. (Il pousse doucement Lavernie vers le fauteuil du Roi.)
LE ROI.
Monsieur de Lavernie, Catinat m'avait écrit que vous étiez le digne fils de mon vieux serviteur. Monsieur de Louvois, hélas ! a dû me dire le contraire. Ordinairement je le crois toujours ;

mais aujourd'hui, Catinat est un victorieux à qui on ne doit rien contester... je croirai Catinat... vous êtes libre!

LAVERNIE.

Sire, j'accepte la grâce. Dieu sait quel était mon crime... mais cette grâce infamante est pire que la mort. Je ne fais plus partie de l'armée, sire, et une expédition se prépare. Je suis déshonoré, est-ce bien là une grâce telle qu'un roi peut la donner à un gentilhomme?

LE ROI.

C'est vrai.

LA MARQUISE, au Roi.

Il a du cœur, ce jeune homme.

LE ROI.

Oui... (A Gérard.) Ce n'est pas moi qui découragerai jamais le repentir par une rancune implacable... Vous ferez partie de l'expédition, monsieur, et vous passerez des dragons aux chevau-légers, avec votre grade. Monsieur de Louvois, qui veut bien vous pardonner aussi, vous expédiera ce brevet.

LOUVOIS.

Jamais! jamais!

LE ROI, à Louvois.

On dirait que vous souffrez, monsieur?

LOUVOIS.

Oui, sire... oui, je souffre... oh!

LE ROI, à Lavernie.

Remerciez aussi mdame. (Gérard passe et s'incline devant la Marquise.)

LOUVOIS.

Les secrets de madame de Maintenon... je les saurai!

LAVERNIE, à Jaspin.

Mais à qui dois-je tant de bienfaits?

JASPIN.

Toujours à votre mère.

LE ROI.

Allons, Louvois, travaillons.

LA MARQUISE, montrant son canevas au Roi.

Voyez comme j'ai bien travaillé, moi, sire; ma fleur de lis est achevée. (Le Roi s'est assis devant la table Louvois apporte ses porte-feuilles et s'assied sur le pliant.)

ACTE III.

QUATRIÈME TABLEAU.

La maison de Van-Graaft à Rotterdam. — Intérieur de riche maison hollandaise. — A droite, large et haute fenêtre à petites vitres, par laquelle on aperçoit des mâts, des arbres, des maisons. — Porte basse et large au fond donnant sur une galerie. — A droite, petite porte intérieure. — Au deuxième plan, à gauche, vaste cheminée surmontée d'un portrait de femme belle et parée; au-dessous, de ce portrait, un pistolet suspendu. — L'ameublement est somptueux; les dressoirs remplis de vases et de plats d'or. — Une table couverte d'un riche tapis est placée devant la fenêtre, à droite.

Au lever du rideau, dame Gotschalk est assise sur une stalle placée au-dessous de la fenêtre. Elle file. Krimpens se chauffe adossé à la cheminée.

SCÈNE PREMIÈRE.

DAME GOTSCHALK, KRIMPENS.

KRIMPENS.

Oui, respectable dame Gotschalk, vous n'avez qu'à ouvrir la fenêtre pour l'entendre dire dans tout Rotterdam, son Altesse Royale le prince d'Orange, notre stathouder, est arrivé de son royaume d'Angleterre à la Haye, où la ville lui prépare des fêtes splendides. Un Hollandais, un roi et un vainqueur, c'est dans l'ordre. Tout le monde y court, et je vais demander à notre maître, mynheer Van-Graaft, la permission d'y courir aussi. Voulez-vous que je demande en même temps pour vous? Où est-il, notre maître?

DAME GOTSCHALK.

Belle question, honoré monsieur Krimpens! comme si depuis toute éternité mynheer ne se promène pas le matin sur le Boompjes! Allez le chercher à la Haye, à Londres même, si vous voulez; quant à moi, merci, je ne me dérange pas.

KRIMPENS.

Pour le stathouder, pour l'illustre roi, notre seigneur!

DAME GOTSCHALK.

Autrefois les gens de Rotterdam n'avaient pas besoin d'aller à la Haye pour le voir, et les gens de cette maison pouvaient le voir aussi sans même sortir dans Rotterdam; je l'y ai assez vu, moi! Il est vrai qu'il n'était que stathouder alors, aujourd'hui c'est un roi... le roi des Anglais... on ne le voit plus ici: qui dit roi, dit ingrat.

KRIMPENS.

Allons, voilà que vous dites du mal de notre prince, vous! Si mynheer Van-Graaft vous entendait, respectable dame!...

DAME GOTSCHALK.

Il en dirait peut-être plus long que nous.

KRIMPENS.

Lui, l'ami du roi d'Angleterre?

DAME GOTSCHALK.

C'est précisément pour cela.... il le connaît mieux...Autrefois quand le prince avait seulement deux heures de liberté, vite, chez mon ami Van-Graaft; on ne voyait que lui à la maison, et ces visites-là lui rapportaient toujours quelque chose. Mynheer Van-Graaft n'est pas stathouder lui, mais son coffre-fort et son cœur valent ceux d'un empereur! Bah! le stathouder est assez riche aujourd'hui... sept provinces et trois royaumes, cela rapporte gros! à quoi bon se souvenir du marchand Van-Graaft? on n'en a plus besoin.

KRIMPENS.

Respectable dame, ménagez votre langue.

DAME GOTSCHALK.

Honoré monsieur Krimpens, ménagez mes oreilles.

KRIMPENS.

Si vous n'étiez pas gouvernante de notre maître depuis quinze ans!...

DAME GOTSCHALK.

Vous ne resterez pas si longtemps son majordome.

KRIMPENS.

Le stathouder est un héros.

DAME GOTSCHALK.

Et vous êtes un imbécile!

SCÈNE II.

LES MÊMES, Cris dans la rue, puis GUESWELDE.

KRIMPENS.

Eh! mon Dieu!

DAME GOTSCHALK.

Que de bruit dehors!

GUESWELDE, en précipitant.

Le maître! où est le maître?

DAME GOTSCHALK.

Quoi?

GUESWELDE, essoufflé.

Mynheer Van-Graaft... voici le prince!

KRIMPENS et DAME GOTSCHALK.

Le prince!

GUESWELDE.

Il débarque à Rotterdam!

DAME GOTSCHALK, à Krimpens.

Oh! bonté divine!

KRIMPENS.

Oh! grand homme! Et il viendrait ici?

GUESWELDE.

Il va venir.

DAME GOTSCHALK.

Qu'est-ce que je vous disais, entêté?

KRIMPENS.

Hein?

GUESWELDE.

Mais dépêchez-vous donc! je vous dis que ses officiers le précèdent; ils sont derrière moi, voilà leur bateau qui s'arrête.

DAME GOTSCHALK.

Ses officiers... (Elle commence à perdre la tête.)

GUESWELDE.

Oui, hollandais et anglais... le comte d'Owerkerke, son écuyer d'ici... le baron de......, son écuyer de là-bas.

DAME GOTSCHALK.

Il y a des écuyers partout... Holà, tout le monde! qu'on aille prévenir mynheer sur le Boompjes! (A un autre.) Prépare la grande chambre! (A un autre.) Va à la Meuse chercher le plus beau poisson! (A un autre.) Les vins de France! Il n'y a que cela de bon dans ce pays-là, et encore... (Pendant ce mouvement, Owerkerke et le Baron se sont arrêtés sur le seuil et regardent curieusement. — Les apercevant.) Ah! mynheer comte, bonjour! (Elle salue et sort.)

SCÈNE III.

LES MÊMES, OWERKERKE, LE BARON, OFFICIERS ANGLAIS et HOLLANDAIS.

OWERKERKE.

Bonjour! (Cris : Vive Guillaume! — A la foule.) Oui, vous allez voir le roi tout à l'heure. (Au baron.) Regardez bien, baron, cette maison...

LE BARON.

Dites ce palais.

OWERKERKE.
La demeure d'un simple négociant. A Londres, chez vous, vous m'avez fait les honneurs... grâce à vous, j'ai pu voir toutes les merveilles de notre nouvelle capitale, laissez-moi vous rendre la pareille en Hollande.

LE BARON.
Ainsi cette maison?...

OWERKERKE.
Est une des curiosités de la Hollande. (Deux Valets apportent sur un plateau du vin et des gâteaux.)

LE BARON.
Un service d'or, Dieu me pardonne!

OWERKERKE.
Oh! ne faites pas attention; ici tout est en or... Buvez donc!

LE BARON.
Et les voleurs?

OWERKERKE.
Bah! celui qui volerait Van-Graaft commettrait un crime de lèse-Rotterdam; il serait haché par le peuple : cette maison est comme le trésor de la ville; tout Hollandais en est fier.

LE BARON.
Mais il y a des millions ici.

OWERKERKE.
Ce n'est pas ici que sont les millions de notre hôte, c'est dans les Indes, dans les deux hémisphères, partout... ici, qu'est-ce qu'il peut en avoir, une douzaine au plus.

LE BARON.
A combien donc de millions se monte sa fortune?

OWERKERKE.
Soixante-dix, quatre-vingt, cent... on ne sait pas.

LE BARON.
Vous avez raison; cette maison est une véritable curiosité.

OWERKERKE.
Moins que le propriétaire. Tenez; il doit savoir à présent que le roi est à Rotterdam et va venir chez lui. Voyez s'il se remue. Sans doute il fait sa promenade accoutumée ou fume sa pipe devant quelque débarquement de ses marchandises, il ne se dérangera pas.

LE BARON.
Il aime pourtant sincèrement Guillaume.

OWERKERKE.
Jusqu'à l'idolâtrie. Il lui en a donné une terrible preuve lors de la première invasion des Français.

LE BARON.
Il lui a sacrifié son bien?

OWERKERKE.
Oh! plus que cela. (Ils s'asseyent tous deux.) Si l'on en croit le bruit public, il avait une femme qu'il adorait, la plus belle du pays et la plus sage: Tandis qu'il voyageait aux Indes pour ne pas saluer messieurs de Witt qu'il exécrait, un facteur étranger vint à Rotterdam, acheta de madame Van-Graaft tout le salpêtre, tout le plomb et tous les boulets de ses magasins, et la belle Eléonore, heureuse d'une si riche vente, rendait au facteur le service de se faire son courtier, et acheta pour lui, par toute la Hollande, les munitions de toutes sortes éparses chez nos différents marchands. Ce facteur, qui s'appelait Borssmann, et qu'on a supposé depuis être un agent secret de la France, dépensa ainsi sept millions. Et lorsqu'il n'y eut plus, d'Anvers à Utrecht, une livre de poudre, un seul boulet ni une seule mèche, la France nous déclara la guerre. Nous fûmes vaincus. Guillaume faillit en devenir fou de douleur. Van-Graaft était revenu, il apprit que sa femme était la cause innocente de ce désastre national. Alors, dit-on, il prit un pistolet et tua sa femme. Puis il accrocha son arme au-dessous du portrait de la victime... Regardez, il y est encore.

LE BARON.
Comte, est-ce que Sa Majesté se trouva fort satisfaite d'un pareil dévouement?

OWERKERKE.
Qu'y faire? Guillaume vint rendre visite à Van-Graaft. Celui-ci, sans proférer une seule parole, lui montra le siège vide d'Eléonore, son portrait et le pistolet pendu au mur. J'accompagnais le roi, j'ai vu. Et ce fut tout!

LE BARON.
Mais il me semble qu'à la place de Van-Graaft, j'eusse plutôt tué le facteur.

OWERKERKE.
Où le retrouver?

LE BARON.
Eh bien, partout.

OWERKERKE.
Van-Graaft a fouillé tout l'univers! Le fabuleux Borssmann n'était connu nulle part. Alors ce nom, cette idée, ce spectre, s'empara de Van-Graaft. Borssmann devint sa monomanie. A chaque bataille livrée par Guillaume, Van-Graaft lui faisait demander si parmi les morts on n'avait pas trouvé un certain Borssmann. Quand nous fîmes la ligue d'Ausbourg, il se fâcha. Guillaume, dit-il, — il appelle tranquillement notre roi : Guillaume, — vous allez tellement me bouleverser l'Europe, que je n'y pourrai plus chercher le misérable Brossmann.

LE BARON.
Il regrette la pauvre femme, alors.

OWERKERKE.
Il ne le dit pas, mais on le voit bien. Cet établissement colossal a été mis sur un tel pied par sa femme, que l'or, habitué à couler vers la maison, y afflue tout seul depuis qu'elle est morte. Pas un sac de florins n'entre chez Van-Graaft sans lui rappeler la pauvre Eléonore. Il se figure qu'elle lui envoie tous ces millions du fond de son tombeau. Tenez, baron, voulez-vous que je vous indique le moyen de gagner cinquante millions en une demi-minute? Dites à Van-Graaft que vous savez où est Borssmann, il vous les donnera.

LE BARON.
Il est fou alors?

OWERKERKE.
Avec une raison effrayante.

LE BARON.
Il n'a pas d'enfant de cette femme?

OWERKERKE.
Mon Dieu, non! et parfois... c'est là seulement qu'il s'égare un peu, il se figure qu'il en a un. On l'entend dire qu'Eléonore, irritée, a emmené son enfant dans le sépulcre. Voit-il des enfants, il tombe dans un morne désespoir..

LE BARON.
Avec tous ses millions il doit être bien malheureux.

OWERKERKE.
Chut! voici le roi... sans doute Van-Graaft l'aura rejoint!... Pas un mot!

CRIS AU DEHORS.
Vive Guillaume, notre stathouder!

SCÈNE IV.
LES MÊMES, GUILLAUME, OFFICIERS, PEUPLE, ETC.

GUILLAUME fait signe de la main. Les cris continuent. Il s'approche de la fenêtre et congédie la foule, qui se retire en criant.

LE BARON, à Owerkerke.
Montrez-moi Van-Graaft.

OWERKERKE.
Il n'y est pas... il est capable de ne pas se déranger du tout.
— (Au Roi.) Sire, le roi doit être bien fatigué.

GUILLAUME.
Non, comte... merci... cet air du pays natal me rafraîchit. (Il tousse. A part.) Il me tue. (Il s'assied.) Messieurs, nous voici à Rotterdam, la riche ville. La paix règne en Angleterre. L'Europe épuisée se repose. En France même, chez le grand roi, monsieur de Louvois nous laisse tranquilles. Reposons-nous. Amusons-nous, messieurs, nous ne sommes venus ici que pour cela. Où est Van-Graaft? je ne le vois pas. (Dame Gotschalk s'avance.) Ah! bonjour, dame Gotschalk.

DAME GOTSCHALK, ravie.
Il sait encore mon nom... Mynheer va venir, Altesse.

GUILLAUME.
Qu'on ne le dérange pas... je dormirai bien une heure sur ce fauteuil.

DAME GOTSCHALK.
Son Altesse dînera?

GUILLAUME.
Non.

DAME GOTSCHALK.
Oh! moi qui avais préparé tout!

GUILLAUME.
Eh bien, oui, je dînerai si vous voulez. (Elle sort.) Que c'est bon de se reposer, Owerkerke!... Asseyez-vous, messieurs, en Hollande je ne suis que stathouder. (Les officiers de la suite se retirent. Les deux seigneurs se tiennent un peu à l'écart.) Mons assiégé! ce transfuge français, cet espion de Louvois, qui m'est venu trouver à la Haye, me l'a prouvé. Je ne puis me décider à le croire. Mons envahi par cent mille hommes! et je n'ai rien, rien... quand il me faudrait deux armées, l'une au pays Wallon, où ils n'ont personne, l'autre dans le Hainaut, pour le leur arracher! (Il tousse.) Je brûle... Et ici on donne des fêtes, on se repose sur moi... et d'un moment à l'autre va fondre la terrible nouvelle, avant que je n'aie pu leur dire : Ne craignez rien, je suis prêt! Oh! de l'argent!..... Van-Graaft tarde bien..... tout me manque donc aujourd'hui!... Oh! non, Van-Graaft ne me manquera pas. (Pendant ce temps Van-Graaft est entré tranquillement; un valet lui a pris son chapeau et sa canne. Il vient se placer près de la table sans paraître voir Guillaume absorbé lui-même.)

OWERKERKE.
Le voilà!

LE COMTE DE LAVERNIE.

LE BARON.
Voilà tout ce qu'il dit au roi?

OWERKERKE.
Fût-il resté deux ans sans le voir, il l'aborde comme s'il l'avait quitté la veille.

GUILLAUME, apercevant Van-Graaft.
Bonjour, ami Van-Graaft.

VAN-GRAAFT, sans se déranger.
C'est le roi Guillaume. Bonjour, Guillaume, vous êtes le bienvenu dans la province. (Il s'assied.)

GUILLAUME.
Je n'ai pas voulu passer si près de Rotterdam sans vous rendre visite, maître Van-Graaft. Vous avez bon visage, il me semble.

VAN-GRAAFT.
Et vous, mauvais... Guillaume, l'air de la Tamise ne vaut rien pour la toux. Ah! bonjour comte d'Owerkerke. (Au Baron.) Bonjour, monsieur.

OWERKERKE.
Sa Majesté n'a besoin de rien?

GUILLAUME, bas.
Hâte l'arrivée de ce bateau qui m'amène le Français, et laisse-moi seul avec mon hôte. (Owerkerke et le baron se retirent.)

DAME GOTSCHALK, à Van-Graaft.
Mynheer, où dînerez-vous? en bas?

GUILLAUME.
Non, j'aime mieux ne pas descendre.

VAN-GRAAFT.
Ici. (Dame Gotschalk donne des ordres; le service s'apprête silencieusement au fond.)

VAN-GRAAFT.
Ainsi donc vous avez la paix là-bas!

GUILLAUME.
Grâce au ciel!

VAN-GRAAFT.
Oui, sans quoi vous eussiez péri par la guerre. On dit que vous êtes un grand capitaine; j'en suis sûr, moi, parce que vous avez le génie patient et destructeur; mais cependant vous êtes toujours battu.

GUILLAUME.
L'homme donne la bataille, Dieu donne la victoire.

VAN-GRAAFT.
C'est vrai... mais si vous ne donniez pas la bataille, Dieu ne donnerait pas la victoire à d'autres.

GUILLAUME.
Je fais de mon mieux, et dernièrement, à la Boyne, j'ai réussi.

VAN-GRAAFT.
Ah! allons, tant mieux! tant mieux! (La table approche, servie richement; on la place entre les deux couvives.)

DAME GOTSCHALK.
Mynheer est servi. (Les assiettes se succèdent devant chacun des convives, qui n'y touchent pas.)

VAN-GRAAFT, à table.
Comme cela, vous vous êtes battu là-bas... Avez-vous tué quelqu'un dans le combat?

GUILLAUME.
Peut-être!

VAN-GRAAFT.
Vous n'êtes pas bien sûr; vous êtes bienheureux, vous!

GUILLAUME.
J'ai pu avoir ce malheur, commun à tous les gens de guerre.

VAN-GRAAFT.
Les gens de guerre tuent des hommes; ce n'est pas comme lorsqu'on tue des femmes, des enfants!

GUILLAUME, à part.
Voilà la folie. (Au Valet qui le sert.) Donnez-moi un peu d'eau sucrée avec du miel. (Le Valet sert le Roi.)

VAN-GRAAFT, au Valet qui le sert.
Donne-moi de la bière. (Au Roi.) Dépêchez-vous de faire la paix avec la France, Guillaume... Les Français sont de bonnes gens.

GUILLAUME.
Louis est mauvais.

VAN-GRAAFT.
Est-ce que vous êtes meilleur, vous?... Faites vite la paix, vous dis-je; seulement mettez-y des conditions.

GUILLAUME.
N'est-ce pas? une paix garantie par deux bonnes armées?...

VAN-GRAAFT.
Non; exigez deux choses: la première, c'est qu'on me retrouvera un certain Borssmann.

GUILLAUME.
Fort bien! Et la seconde?

VAN-GRAAFT.
La seconde, c'est qu'on pendra le seul homme dangereux qu'il y ait en France.

GUILLAUME.
Qui donc?

VAN-GRAAFT.
Eh! Louvois! votre seul ennemi; car, après tout, il n'est pas le mien.

GUILLAUME.
Ah!

VAN-GRAAFT.
Non. C'est un très-grand homme. Il a conquis à son maître la Franche-Comté, Gand, le Palatinat... Il lui avait conquis la Hollande. Si vous aviez un pareil ministre, Guillaume, vos nuits seraient meilleures. Non, ce n'est pas mon ennemi, car il m'enrichit, celui-là, en vous ruinant. Depuis qu'il nous fait la guerre, je vends chaque année pour dix millions de salpêtre et de fer au bénéfice d'un cinquième.... (Rêveur.) Cependant, autrefois, il m'est arrivé de vendre en un seul mois pour sept millions à un seul facteur... du temps de ma femme. Ce facteur s'appelait Borssmann. Avez-vous bien souvenir de ma femme, roi Guillaume?... Comme elle était belle! Vous ne croirez pas une chose, c'est que je voudrais avoir le portrait de son enfant; à présent qu'elle est morte je n'ai plus de haine, vous comprenez cela, seigneur! (Aux Valets.) Enlevez tout cela, vous voyez bien que le roi ne mange plus. (Les Valets desservent effrayés. Van-Graaft va regarder silencieusement à la fenêtre.)

GUILLAUME.
Voilà le démon du remords qui passe sur sa tête. (Il s'approche de Van-Graaft.)

VAN-GRAAFT, comme réveillé.
Je disais donc que vous poserez pour seconde condition de faire écarteler votre ennemi Louvois.

GUILLAUME.
Nous verrons plus tard; mais pour y arriver, je voudrais avoir deux armées.

VAN-GRAAFT.
Encore! vous nous faites tuer beaucoup de Hollandais.

GUILLAUME.
Je tue aussi beaucoup de monde à l'ennemi.

VAN-GRAAFT.
Oh! les Français ont plus d'enfants que nous.

GUILLAUME.
Si j'avais de l'argent, j'enrôlerais dans la Frise, et bientôt...

VAN-GRAAFT.
Oui, mais vous n'en avez pas... Vous coûtez gros aux Sept Provinces.

GUILLAUME.
Je paye en gloire et en liberté.

VAN-GRAAFT.
C'est vrai, vous êtes un solide appui. Enfin vous venez pour m'emprunter de l'argent, Guillaume, je vois cela.

GUILLAUME.
Quatre millions.

VAN-GRAAFT.
Je ne vous les donnerai pas. Demandez-les à votre parlement d'Angleterre.

GUILLAUME.
Les Anglais sont-ils plus mes amis que vous?

VAN-GRAAFT.
Qui sait? moi je vous donne toujours, et vous ne me donnez jamais. Je ne vous demande que de me trouver Borssmann... Vous n'y pensez seulement pas. C'est fini!

GUILLAUME.
Eh! mon Dieu! ce Borssmann, s'il a fait tort à quelqu'un, c'est à moi! Et je lui pardonne, moi. Faites-en autant, vous, qui n'avez rien à lui reprocher.

VAN-GRAAFT.
Vraiment!... je n'ai rien à reprocher à Borssmann? Vous voilà comme les autres, vous. Comme les badauds de Rotterdam! Et dire que c'est un roi! un de ces hommes qui devraient tout comprendre, tout deviner, et qui vient faire semblant d'ignorer ou d'avoir oublié!

GUILLAUME.
Si j'ai oublié quelque chose, ce n'est pas ce que vous avez fait pour moi.

VAN-GRAAFT.
Eh! je n'ai rien fait pour vous... Croyez-vous, par hasard, que j'aurais tué ma femme pour venger un stadhouder, un roi? vous savez bien que non.

GUILLAUME.
Maître...

VAN-GRAAFT.
Vous savez bien qu'après la fuite de ce Borssmann, j'ai trouvé dans la maison un enfant, et que c'est pour cela que

j'ai saisi cette arme... Enfin, la mère est dans le tombeau... mais l'enfant, qu'est-il devenu ? Il est peut-être mort de faim, de froid. De faim !... quand il y a soixante millions dans les caves de sa mère !... Soixante millions gagnés par le génie et le travail de sa mère... Pauvre enfant innocent ! Vous avez l'air d'avoir oublié cela, vous ?

GUILLAUME.

Mon ami !

VAN-GRAAFT.

Et vous venez m'emprunter de l'argent ?... Van-Graaft est si riche !.. il est si heureux !... C'est le roi des marchands !... Grand, large et fort, il ferait plier un cheval sous son poids. Quand il regarde des heures entières par les vitres de cette fenêtre, il admire ses bateaux, n'est-ce pas, qui viennent dégorger l'or à sa porte ? Il compte ses chariots bourrés de lingots et de sacs ?... Non, Guillaume, non. Je regarde les petits enfants qui jouent le long des arbres et glanent les rognures tombées de mes ballots. Je regarde les jeunes gens qui peuvent avoir seize ans, et je pense que, peut-être, l'enfant d'Éléonore est là, devant moi, pâle et pleurant, qui me demande la charité ! Oui, j'ai de l'or, Guillaume, mais j'en aurai besoin, je le garde ! (Il s'assied étouffant.)

GUILLAUME.

Il souffre !... mais j'irai jusqu'au bout ! Il faut que ce pays soit sauvé !... (A Owerkerke qui paraît.) Eh bien ! Owerkerke ?

SCÈNE V.
LES MÊMES, OWERKERKE.

OWERKERKE.
Sire, un courrier du gouverneur de Mons.

GUILLAUME, à part.
Voici l'agonie !... (Haut.) Et le Français ?...

OWERKERKE.
Il est arrivé... Le bateau attend vos ordres à vingt pas d'ici... Mais en apercevant la maison, cet homme s'est mis à frissonner comme s'il la reconnaissait et qu'il eût peur...

GUILLAUME.
Au premier coup de sifflet que vous entendrez, amenez-le.

OWERKERKE.
Oui, sire... Maintenant, ce courrier...

GUILLAUME.
Hélas ! qu'il entre !

SCÈNE VI.
LES MÊMES, LE COURRIER, blessé, poudreux, en désordre.

GUILLAUME.
Eh bien ! tu viens de Mons ?

LE COURRIER.
Échappé seul du milieu des blessés et des morts.

GUILLAUME.
Oui, je sais... Parle devant monsieur...

LE COURRIER.
Monsieur le prince de Bergues, notre gouverneur, ne pourra pas tenir sans secours devant une si formidable armée.

GUILLAUME.
Où campe le roi de France ?

LE COURRIER.
A Bethléem, et sa maîtresse occupe la belle maison de Saint-Ghislain.

GUILLAUME.
Tiens,.. votre maison de plaisance, Van-Graaft.

VAN-GRAAFT, froidement.
Oui, ma maison.

GUILLAUME, au Courrier.
Tu me parlais de morts, de blessés. On s'est donc déjà battu ?

LE COURRIER.
Le moulin d'Hion a été emporté par les chevau-légers français... La tranchée est ouverte.

GUILLAUME, pâlissant.
Eh bien ! va te reposer, soigne-toi ; tiens... (Il lui donne de l'argent. Il fait signe à Owerkerke, qui emmène le Courrier.) Qu'il ne communique avec qui que ce soit au monde !...

OWERKERKE.
Mais ces renforts, sire !

GUILLAUME.
Je crois que je les ai... Au coup de sifflet, vous savez ?

SCÈNE VII.
GUILLAUME, VAN-GRAAFT.

GUILLAUME.
Eh bien, maître, qu'en dites-vous ?

VAN-GRAAFT.
Je dis qu'ils ne s'endorment pas ces Français.

GUILLAUME.
Voilà une place perdue... mes magasins, mes arsenaux, la clef des Flandres... et pas de renforts !... Ce que je regrette le plus, c'est votre belle maison de Saint-Ghislain.

VAN-GRAAFT.
Bah !

GUILLAUME.
Où vous avez dépensé tant d'argent.

VAN-GRAAFT.
Pour y amener de deux lieues la seule eau bonne pour les tulipes. Oui, l'aqueduc m'avait coûté six cent mille florins... de bien belle eau !

GUILLAUME.
Un travail quasi romain. Ils ravageront tout cela.

VAN-GRAAFT.
Que voulez-vous ?

GUILLAUME.
J'aurais eu des soldats, je reprenais votre maison tout de suite.

VAN-GRAAFT.
Au lieu de reprendre Mons ?

GUILLAUME.
J'aurais eu des soldats... mais je n'en ai pas... Ne pensons plus à cette idée.

VAN-GRAAFT.
Vous aviez une idée ?

GUILLAUME.
Superbe !... Je lançais un corps d'armée sur Mons, et un fort détachement sur Saint-Ghislain...

VAN-GRAAFT.
J'ai une bien meilleure idée, moi,.. Faites sauter ma maison et tout le pays... La maîtresse du roi sautera avec ; cela les mortifiera beaucoup.

GUILLAUME.
Allons donc ! je ne tue pas les femmes. (Van-Graaft cache sa tête dans ses mains.) Ne vaudrait-il pas mieux réunir des troupes, en faire glisser une partie sous la voûte de cet aqueduc... arriver jusque dans le parc... choisir le moment, par exemple, où le roi de France vient rendre visite à madame la marquise ? On aurait un carrosse tout préparé, on prierait le roi et sa reine de vouloir bien y entrer, puis on les mènerait vite dans un endroit sûr, à la Haye, par exemple... Ah ! si l'on tenait le roi de France ou seulement la marquise, et qu'on secourût Mons, la guerre serait finie... Mais à quoi bon dire tout cela ? Pour le faire, il faut des troupes ; pour lever des troupes, il faut de l'argent, et moi je n'en ai pas, et vous, vous n'en voulez pas donner.

VAN-GRAAFT.
Ma foi non !... Qu'on brûle, qu'on ravage Saint-Ghislain, je n'y tiens pas, c'est payé... Quand à débourser mes millions, jamais !... Excepté....

GUILLAUME.
Excepté ?...

VAN-GRAAFT.
Vous le savez bien... excepté le jour où je saurai si l'enfant d'Éléonore n'est pas mort de faim, excepté le jour où je tiendrai dans mes mains le facteur Borssmann.

GUILLAUME.
Eh bien ! nous allons essayer de vous satisfaire,... Ouvrez la fenêtre... Bien... Un coup de votre sifflet, maintenant. (Van-Graaft obéit.) Que voyez-vous ?

VAN-GRAAFT.
Un bateau s'approche... Un homme en descend... Il entre ici.

GUILLAUME.
Ah !

VAN-GRAAFT.
C'est un étranger... Quel est cet homme ?

GUILLAUME.
Vous allez voir.

SCÈNE VIII.
LES MÊMES, LAGOBERGE.

LAGOBERGE, inquiet, effrayé.
La maison de Van-Graaft... Que vont-ils faire de moi ?

GUILLAUME.
On dirait que tu te reconnais ici ?

LAGOBERGE.
Oh ! oui, sire !

GUILLAUME.
Cet appartement où nous sommes ?

LAGOBERGE.
C'est celui de madame... Ah ! voilà son portrait...

VAN-GRAAFT.
Comment sait-il ?...

GUILLAUME.
Laissez... Saurais-tu retrouver la chambre qu'habitait ton maître?

LAGOBERGE.
Elle est là. (Il indique à gauche.)

VAN-GRAAFT.
De quel maître parle-t-il donc, Guillaume, et de quelle chambre?...

GUILLAUME.
Du maître que servait cet homme en mil six cent soixante-douze, et de la chambre qu'occupait à cette époque le facteur Borssmann !

VAN-GRAAFT, s'élançant sur Lagoberge.
Tu as servi Borssmann !

LAGOBERGE, épouvanté.
Hein !

GUILLAUME.
Réponds!

LAGOBERGE.
Oui !

VAN-GRAAFT.
Tu sais où il est alors?...

LAGOBERGE.
Sire...

GUILLAUME.
Réponds !

LAGOBERGE.
Il est à Mons !...

VAN-GRAAFT, s'élançant vers la porte.
J'y vais!

GUILLAUME.
Attendez, mon ami, vous feriez peut-être un voyage inutile.

VAN-GRAAFT.
Pourquoi?...

GUILLAUME.
Parce que depuis si longtemps, il est probable que cet homme ne s'appelle plus Borssmann.

VAN-GRAAFT.
Comment s'appellerait-il donc, sire?

GUILLAUME, à Lagoberge.
Réponds !

LAGOBERGE.
Je suis perdu!.. Il s'appelle le marquis de Louvois.

VAN-GRAAFT, après un cri terrible.
Louvois!... Sire, vous êtes un grand roi et un grand esprit; vous venez de chasser de mon cerveau un fantôme et de mettre sous ma main un homme. Va-t'en, Français, et pour te payer, prends le premier vase d'or que tu rencontreras sur ton passage.

LAGOBERGE.
Oh! le plus grand, celui que j'ai vu dans l'escalier. (Il s'élance et s'enfuit.)

VAN-GRAAFT.
Vous ne me demandiez que quatre millions, Guillaume, c'est huit... c'est vingt que je vous donne... Prenez tout pour faire la guerre à Louvois... Vous devez être pressé de partir pour Mons et d'essayer mon aqueduc de Saint-Ghislain !

GUILLAUME.
Sur-le-champ, mon allié !

VAN-GRAAFT, lui serrant les mains.
Oui, votre allié !... La maison de Nassau et la maison Van-Graaft... Le génie et la laine, le fer et l'or !... Partons !... (Pendant ce temps Overkerke, le baron, les officiers sont rentrés. — On voit au fond le peuple se presser en attendant le passage du Roi.)

GUILLAUME, vidant son verre.
Cette eau-de-miel m'a fait du bien... Partons !... (A ses officiers.) Messieurs, à Mons !...

LE PEUPLE.
Vive Guillaume !

CINQUIÈME TABLEAU.

Le parc à Saint-Ghislain. — Au fond, l'aqueduc qui se perd dans la campagne. — L'eau tombe dans une vasque de marbre. — A droite, une tourelle cachée sous le lierres et les fleurs; on y arrive par trois marches de pierre. — Au fond, la porte basse et lourde du regard des eaux; elle est pratiquée dans le massif de l'aqueduc.

SCÈNE PREMIÈRE.
NANON, à des femmes de service.

Eh bien ! c'est bon, placez toutes ces dames dans les logements que j'ai indiqués... et ensuite vous viendrez me rendre compte, à moi ou à madame... Nous avions bien besoin de tant de monde à Saint-Ghislain ! on y était si tranquille depuis huit jours ! Mais non. Là-bas, au camp, le roi enrôle des soldats... et ici, madame recrute des demoiselles; en voilà douze qui arrivent ce matin de Valenciennes avec une supérieure. (Rappelant une des femmes.) Ah ! ces demoiselles pourraient s'inquiéter du canon... quand on n'a pas l'habitude; dites-leur que c'est notre canon, qu'elles n'aient pas peur et que nous sommes-là. (A une autre.) Quant à vous, priez monsieur Manseau de me faire servir à goûter là, près de la pièce d'eau sous l'aqueduc. C'est l'endroit du parc que nous préférons, madame et moi. Oh ! mon Dieu ! un peu de poisson, des fruits et des confitures. Allez ! je vais me reposer à cette bonne fraîcheur. (Elle s'installe près de la fontaine.)

SCÈNE II.
NANON, LA MARQUISE, JASPIN.

LA MARQUISE, qui n'a pas paru entendre ce que dit Nanon.
Ma mie.

NANON.
Madame !

LA MARQUISE.
Je vous prie, dites à Manseau qu'il n'oublie pas la collation que j'ai commandée.

NANON.
Au réfectoire?

LA MARQUISE.
Non... ici, où vous êtes.

NANON, à part.
Eh bien !... et moi?

LA MARQUISE.
Allez, ma mie, allez ! (Jaspin fait à Nanon un grand salut. On entend tinter la cloche du couvent, et les Clarisses passent au fond du parc pour se rendre à la chapelle. La Marquise les suit quelque temps du regard.)

NANON.
Il a donc ensorcelé madame... le serpent ! (Elle sort.)

SCÈNE III.
LA MARQUISE, JASPIN.

LA MARQUISE.
Otez-vous cela de l'esprit, monsieur Jaspin... c'est une mauvaise pensée... Non, monsieur de Louvois ne peut avoir voulu faire tuer ce jeune homme à l'attaque d'hier.

JASPIN.
Pourquoi l'envoyer trois fois de suite sur ces palissades imprenables?

LA MARQUISE.
Elles n'étaient pas imprenables, puisqu'il les a prises.

JASPIN.
Tout son monde écrasé autour de lui !

LA MARQUISE.
C'est la cruelle extrémité de la guerre, et monsieur de Lavernie ne s'en plaint pas, j'en suis sûre.

JASPIN.
Oh ! lui... il ne demande qu'à se faire tuer.

LA MARQUISE.
Quoi ! à cause de cet amour malheureux?... Ce n'est pas d'un chrétien. D'ailleurs, pourquoi perdre l'espoir? Cette jeune fille a disparu, je le veux bien, mais elle peut se retrouver.

JASPIN.
Eh ! comment, madame, puisque nous avons perdu ses traces ? Une seule personne pouvait nous aider dans nos recherches; mais le coquin se garderait bien de trahir son maître. Et d'ailleurs où est-il passé?

LA MARQUISE.
Quel coquin?

JASPIN.
Mon filleul... l'espion...

LA MARQUISE.
Oui; celui qui a reconnu Nanon et vous. (Jaspin baisse les yeux.) Eh bien ! ne m'avez-vous pas dit qu'il est allé à Forges chercher des eaux pour monsieur de Louvois, à qui son médecin Séron les a ordonnées? Craindriez-vous qu'au lieu d'aller à Forges, il n'eût été envoyé autre part?...

JASPIN, troublé.
Je crains tout. Ah ! je ne suis pas brave, moi, madame. Seulement, s'il faut que Gérard meure de chagrin...

LA MARQUISE.
Allons donc, un soldat !...

JASPIN.
Si vous l'aviez vu, à son retour de l'attaque, fuir les félicitations, se cacher, s'enfermer, se coucher dans sa tente... Il y est encore ! voyez-vous ?

LA MARQUISE.
Couché ! en plein jour !... comme un enfant qui boude... je gagerais que non.

JASPIN.
Je vous assure, madame.

SCÈNE IV.
Les Mêmes, MANSEAU.

MANSEAU.

Les officiers que madame a fait inviter viennent d'arriver à Saint-Ghislain. Monsieur de Rubantel, monsieur de Villemur, monsieur le chevalier de Presle, monsieur de la Fresnaye, monsieur de Lavernie...

JASPIN.

Gérard !

LA MARQUISE.

Qu'est-ce que je vous disais ?

JASPIN.

Il y a miracle donc.

LA MARQUISE.

Pas du tout. Le roi m'a fait savoir hier le brillant fait d'armes des chevau-légers... J'ai voulu remercier moi-même ces braves officiers... je les ai invités à me venir voir à Saint-Ghislain... et ils viennent.

JASPIN.

Oh ! je cours à leur rencontre.

MANSEAU, aux Officiers.

Par ici, messieurs. Voici madame !

SCÈNE V.
Les Mêmes, GÉRARD, RUBANTEL, AMAURY, VILLEMUR, LAFRESNAYE, Officiers, etc.

LA MARQUISE.

Messieurs, j'ai demandé au roi la permission de fêter votre premier triomphe. Je voudrais avoir le Louvre ou Versailles pour vous traiter selon vos mérites ; mais je ne suis dans ce château qu'une hôtesse de passage. Excusez la simplicité de l'accueil. Vous me rendrez l'hospitalité au château de Mons. (Murmures de joie et d'enthousiasme.)

RUBANTEL.

Allons, Gérard, un compliment à madame pour nous tous. Il peut bien être notre orateur aujourd'hui, madame, hier au feu il a été notre héros.

LA MARQUISE.

Vraiment ?

AMAURY.

Madame, ce n'est pas un héros, c'est une salamandre !

GÉRARD.

Je n'ai fait que mon devoir, madame. J'avais de si grandes obligations envers la noble protectrice qui m'a sauvé l'honneur, que ma vie était à peine suffisante pour m'acquitter.

LA MARQUISE.

On peut être brave sans jouer follement sa vie, monsieur.

GÉRARD.

Triste enjeu, madame.

LA MARQUISE.

A votre âge ! vous n'avez pas le droit de parler ainsi.

GÉRARD.

Oh ! il y a quinze jours, je parlais autrement. J'avais un culte alors, une idolâtrie... j'avais ma mère.

LA MARQUISE.

Je comprends vos regrets, moi qui l'ai connue ! Mais Dieu sait faire éclore d'un cœur brisé de nouvelles joies, de nouvelles espérances.

GÉRARD.

Mon cœur n'est pas seulement brisé, madame, il est mort !

JASPIN.

Voyez-vous, madame ?

LA MARQUISE, à Gérard.

Oh ! vous ne réussirez pas à assombrir cette heureuse journée. Allons, messieurs, allons, relevez le courage de ce jeune homme, sinon je lui ferai affront par l'exemple de quelques pauvres jeunes filles que j'ai en ce moment à Saint-Ghislain.

RUBANTEL, AMAURY et JASPIN.

Comte !... Gérard !...

LA MARQUISE.

Ce sont des Clarisses que j'ai fait venir de Valenciennes, où je les trouvais un peu menacées par le grand tumulte de toutes ces troupes qui passent. Parmi elles, il y en a d'orphelines, d'abandonnées, de fort malheureuses. Quelques-unes même sont plus que malheureuses... on veut les forcer d'entrer en religion. On les opprime, et elles luttent.

GÉRARD.

Ah !

LA MARQUISE.

Mon Dieu ! qui sait si dans le nombre il n'y a pas des sœurs, des amies de quelqu'un de vous ? Eh bien, elles ne gémissent point, elles ne désespèrent point, elles ne disent pas qu'elles veulent mourir.

GÉRARD.

Peut-être ont-elles oublié...

MANSEAU.

La collation de madame. (La collation est servie sur des plateaux portés par des Valets à la livrée du Roi.)

LA MARQUISE.

Allons, messieurs, laissons ces noires idées ; il s'agit d'abord de porter la santé du Roi. (A Rubantel.) Général, je veux moi-même remplir votre verre ! (On voit revenir les Clarisses ; Antoinette marche au dernier rang, morne, la tête baissée.) Ce sont les Clarisses, ces pauvres jeunes filles abandonnées qui reviennent de la chapelle.

GÉRARD.

Ah ! (Il s'avance et regarde avec intérêt les Clarisses qui passent ; tout à coup Amaury reconnaît Antoinette et la désigne à Gérard.)

AMAURY.

Elle !

GÉRARD.

Antoinette !

ANTOINETTE, levant les yeux.

Gérard ! (Elle oublie tout et s'arrête en face de Gérard tandis que ses compagnes disparaissent. Gérard serre les mains de son ami, Antoinette, défaillante, appuie une main sur son cœur.)

JASPIN, à la Marquise.

Vous êtes aussi bonne que sa mère.

LA MARQUISE.

Je suis payée !

UN ÉCUYER, annonçant.

Monsieur le marquis de Louvois !

TOUS.

Monsieur de Louvois !

SCÈNE VI.
Les mêmes, LOUVOIS.

LOUVOIS.

Antoinette !... je m'en doutais !... et près de lui ! (Antoinette effrayée s'enfuit.) Il y a fête à Saint-Ghislain !

LA MARQUISE.

Il l'a vue !

LOUVOIS.

C'est bien à regret, madame, que je trouble une si charmante réunion ; mais tandis qu'on se réjouit ici, là-bas le canon gronde !

TOUS.

Le canon !

LOUVOIS.

La garnison de Mons a fait une sortie et massacre nos travailleurs. Corbleu ! le festin commençait, mais ce n'est pas à la fourchette qu'on prend les villes !

AMAURY.

Hum ! buveur d'eau !

RUBANTEL.

Il a raison ! à cheval !

LOUVOIS.

Un moment ! (A Lavernie.) Quant à vous, monsieur, pourquoi êtes-vous ici ?

GÉRARD.

Mais, monsieur, sur l'invitation de madame.

LA MARQUISE.

En effet !

LOUVOIS.

L'invitation de madame vous exempte-t-elle du service ?

GÉRARD.

Mais je n'en ai pas aujourd'hui.

LOUVOIS.

Il y a une heure, je vous ai envoyé un ordre !

GÉRARD.

Je ne l'ai pas reçu, je n'étais plus au camp.

LOUVOIS.

Il fallait y être. Vous garderez les arrêts ! (A Rubantel.) Prenez-en note, général !

GÉRARD.

Monsieur, quand on va se battre !...

LA MARQUISE.

Silence !

RUBANTEL, à Louvois.

Combien de temps ?

LOUVOIS.

Huit jours !

GÉRARD, furieux.

Jusqu'à la fin du siége !

JASPIN.

Chut !

AMAURY.

Paix !

LOUVOIS, aux autres.

A cheval, messieurs, et qu'on se hâte ! (Les officiers prennent congé de madame de Maintenon.)

GÉRARD, à Amaury.

Je comprends... Il a retrouvé Antoinette, et pour me l'arracher sans résistance, pour empêcher que je lui parle, il veut me tenir prisonnier... Reste ici sans qu'on te voie, parle ou écris à Antoinette, dis-lui qu'à huit heures sonnant... je l'attends là, près de l'aqueduc.

AMAURY.

Mais tes arrêts...

GÉRARD.

Plus un mot, ou tu vas changer ma colère en folie !

LOUVOIS.

Eh bien, monsieur !

GÉRARD, allant à son tour saluer la Marquise.

Madame !...

LA MARQUISE.

Pardonnez-moi d'être la cause involontaire de cette disgrâce... mais le service du roi avant tout.

GÉRARD, froidement.

Oui, madame, avant tout. (Il sort avec Amaury.)

LOUVOIS, à part.

De gré ou de force, elle s'expliquera.

LA MARQUISE.

Vous ne suivez pas vos officiers, monsieur ?

LOUVOIS.

Pas avant que vous ne m'ayez fait la grâce de m'entendre.

JASPIN, bas.

On n'est pas si impudent et si mauvais impunément, n'est-ce pas, madame ?

LA MARQUISE.

Vous en jugerez. Écoutez-nous, là. (Jaspin se blottit derrière la porte de la tourelle.)

SCÈNE VII.
LA MARQUISE, LOUVOIS.

LOUVOIS.

J'ai envers vous, madame, des torts immenses, irréparables ; j'en ai deux ; je m'en accuse humblement. Le premier, c'est d'avoir osé dire à Sa Majesté mon avis dans une circonstance des plus délicates.

LA MARQUISE.

Je ne vous demande pas d'explications, monsieur.

LOUVOIS.

Je m'excuse.

LA MARQUISE.

Encore moins !

LOUVOIS.

Soit !... J'ai agi convaincu, dans l'intérêt de mon maître, et il est inutile en effet de m'en excuser ; mon second tort, moins grave et plus réel... et celui-là je voudrais vous supplier de me le pardonner.

LA MARQUISE.

Quel est-il ?

LOUVOIS.

C'est l'apparente persécution que j'exerce contre monsieur de Lavernie... (Mouvement de la Marquise, qui le regarde.) Eh ! madame... que ne nous entendons-nous mieux ? Je ne veux pas de mal à monsieur de Lavernie ; mais souffrez qu'à l'égard de mademoiselle de Savières...

LA MARQUISE.

Vous changiez en supplice chaque minute de la vie de cette enfant... De quel droit ?

LOUVOIS.

Je ne vous demande pas de quel droit vous défendez monsieur de Lavernie.

LA MARQUISE.

Sa mère, mon amie, me l'a légué en mourant.

LOUVOIS.

Qui vous dit qu'un ami à moi ne m'a pas légué aussi mademoiselle de Savières ?

LA MARQUISE.

Pour la torturer... prouvez-le !

LOUVOIS.

Quoi ! madame, vous si sage, si clairvoyante, vous pousseriez l'intolérance jusqu'à revendiquer pour vous un privilège que vous me refusez ! Quoi ! vous iriez jusqu'à l'inquisition, jusqu'à la discussion de mes droits ? Mais je ne vous en ai pas donné l'exemple. Je le pouvais peut-être. Si j'eusse été l'ennemi acharné que vous dites, combien d'armes terribles cette protection étrange ne m'eût-elle pas données contre vous ?

LA MARQUISE.

Des armes !

LOUVOIS.

Odieuses... je le sais, infâmes... oui ; de ces armes qu'on ramasse rouillées dans la fange, mais qui font d'épouvantables blessures.

LA MARQUISE.

Monsieur !...

LOUVOIS.

Ce ne serait pas la première fois que la calomnie oserait s'attaquer à des têtes aussi illustres, sinon aussi pures. La calomnie... Elle ne respecte rien ! Elle ira tout interroger dans votre existence irréprochable. Elle vous demandera pourquoi vous aimez tant madame de Lavernie depuis qu'elle est morte. Elle empoisonnera jusqu'à la source de cette amitié qu'elle taxera de servitude hypocrite. Les plus insignifiants détails de vos jeunes années... oubliées de vous-même, deviendront des indices accablants. Que vous ayez, par exemple, quitté Paris à une certaine époque pour voyager deux mois, elle saura recomposer l'empreinte de vos pas sur les routes. Que vous vous soyez séparée huit jours de votre fidèle Nanon sans expliquer cette séparation... crime !... La rencontre de Nanon avec Jaspin sur la route de Lavernie pour ce baptême... crime encore ou complicité du crime !

LA MARQUISE.

Monsieur de Louvois !

LOUVOIS.

Eh ! madame, ce n'est pas moi qui parle. Je suis Louvois, moi ; je ne suis pas la calomnie !... Si j'ai mes secrets pour lesquels je demande grâce... je respecte les vôtres.

LA MARQUISE.

Mes secrets ?...

LOUVOIS.

Monsieur Jaspin l'a dit... Je n'invente pas : les secrets de madame de Maintenon... Demandez-le-lui.

LA MARQUISE.

Eh bien ! si monsieur Jaspin l'a dit, monsieur, découvrez-les !... publiez-les !...

LOUVOIS.

Il faudrait que je fusse votre ennemi, madame, et je ne le suis pas. Il faudrait que vous voulussiez me réduire au désespoir, et vous ne le chercherez pas. Il faudrait, enfin, qu'ils existassent, ces secrets, et ils n'existent pas...

LA MARQUISE.

A la bonne heure !... Mais que de mots, monsieur, pour me dire simplement que je vous ai désobligé en appelant ici mademoiselle de Savières !... Eh ! ce sont les Clarisses abandonnées que j'appelais, et ce n'est pas elle ; je ne la connais pas.

LOUVOIS.

En la voyant tout à l'heure près de votre protégé, monsieur de Lavernie, je me suis imaginé...

LA MARQUISE.

Imagination pure, monsieur.

LOUVOIS.

Mille pardons, madame, pour ma rudesse toujours injuste !... Ainsi, vous me faites la grâce de ne plus contester mes droits sur la jeune fille ?

LA MARQUISE.

L'ai-je jamais fait ?... Seulement, par égard pour moi, pour vous-même, rendez-la heureuse.

LOUVOIS.

Ce sera désormais mon soin le plus cher... Je renonce à lui faire prononcer des vœux... Elle sortira du couvent.

LA MARQUISE.

Ah ! vous l'emmenez ?

LOUVOIS.

Avec votre agrément...

LA MARQUISE.

Cela ne me regarde plus... Faites... Il est peut-être un peu tard ce soir... mais n'importe... faites !...

LOUVOIS.

J'ai moi-même bien du travail au camp. Ce sera donc pour demain matin.

LA MARQUISE.

Quand il vous plaira.

LOUVOIS.

J'ai votre parole, madame... c'est-à-dire votre permission... cela me suffit... (Il salue.) Elle a cédé, elle a peur... Que sera-ce donc quand Desbuttes sera revenu de Lavernie !.. Croyez à tout mon respect, madame.

LA MARQUISE, saluant.

Adieu, monsieur le marquis ! (La nuit vient, Jaspin sort de sa cachette.)

SCÈNE VIII.
LA MARQUISE, JASPIN.

LA MARQUISE.

Vous avez entendu ?

JASPIN.

Il soupçonne, mais il soupçonne encore vaguement, et ne sait rien.

LA MARQUISE.

Quoi qu'il en soit, il est temps de nous arrêter sur cette pente fatale.

JASPIN.

Mademoiselle de Savières est donc à jamais perdue pour Gérard ?

LA MARQUISE.

Qu'y faire ?

JASPIN.

Mon pauvre Gérard !

LA MARQUISE.

Faut-il, pour lui conserver cette jeune fille, sacrifier le bonheur et la confiance du roi... son honneur, le mien ?...

JASPIN.

Non !... Il faut que Gérard meure !... Il mourra, vous dis-je, madame !... Hélas ! je sens qu'il mourra.

LA MARQUISE.

Voulez-vous ma vie pour sauver la sienne ? Je suis prête...Dieu m'est témoin de ma sincérité.

JASPIN.

Hélas ! pauvre enfant... tu n'as plus de mère... On ne t'aime plus !...

LA MARQUISE.

Oh ! vous me déchirez le cœur !... Qui vous dit que je ne l'aime pas par-dessus tout au monde ? Qui vous dit que je n'ouvrirais pas mes veines avec joie, à l'instant, non pas même pour qu'il vive, mais seulement pour qu'il soit heureux ?... Si je l'aime !... oh ! je n'ai plus que cela dans l'univers !... Mais voyons, vous, qui me reprochez de ne pas remplacer sa mère... oui, je cours à lui, je me livre, je l'avoue, je l'appelle mon fils devant le roi, devant Louvois, devant tous !... Eh bien ! répondez-moi qu'il m'ouvrira ses bras, qu'il me remerciera de mon dévouement ; jurez-moi qu'il ne me repoussera pas, frissonnant, farouche, en me disant : « Pourquoi venez-vous arracher de mon cœur l'image pure et sacrée de celle que je croyais ma mère ?...J'étais le fils respecté d'une souche irréprochable, pourquoi me déclarer bâtard d'une femme avilie ?... Pour me sauver la vie, vous me déshonorez !... Oh ! celle que j'appelais ma mère m'aimait bien mieux ; elle n'eût rien dit et m'eût laissé mourir !... »

JASPIN.

Vous avez raison... Pardonnez !...

LA MARQUISE.

Pour être éloignée, Antoinette n'est pas perdue... Croyez-vous que je ne sache pas la retrouver ?... Croyez-vous que je laisse à Louvois cette victoire qui me coûterait la vie ou le bonheur de Gérard ? Patientons... Faisons-nous petits devant cet orage qui passe... il passera. Jaspin, aidez-moi, consolez-moi au lieu de m'accabler...

JASPIN.

Oui, madame... oui, madame...

MANSEAU, arrivant.

Madame, l'homme que vous avez fait suivre a pris d'abord la route de Normandie.

LA MARQUISE, à Jaspin.

C'est Desbuttes !... (A Manseau.) Puis ?...

MANSEAU.

Puis, à cinq lieues d'ici il a tourné brusquement, et court en ce moment sur la route de l'Argonne.

LA MARQUISE, échange un regard avec Jaspin.

Bien... Allez, Manseau. (Manseau sort. — A Jaspin.) Que vous disais-je ?

JASPIN.

Le scélérat !... Il va donc à Lavernie ? mais il ne trouvera rien.

LA MARQUISE.

Quand Louvois cherche à nuire, il trouve toujours. Moi, je vais monter en carrosse et rendre visite au roi à Bethléem pour voir si déjà ce serpent n'a pas versé par là quelque poison. Et puis, je ferai lever les arrêts... Vous, retournez près de Gérard. Qu'il se taise... qu'il attende et qu'il espère !... Allez !... Adieu ! (Elle sort précipitamment.)

JASPIN, seul, il s'assied au pied d'un arbre.

Elle a raison... Il la repousserait et la maudirait. D'ailleurs, elle ne peut rien et se perdrait sans profit pour nous... Ange qui nous protégeais à Lavernie, tu peux tout, toi, là-haut... Dieu n'a rien à te refuser !... (Il plonge sa tête dans ses mains et pleure. — La nuit est sombre.)

SCÈNE IX.
GÉRARD, AMAURY, JASPIN.

GÉRARD.

Eh bien ! puisque mes chevaux nous attendent à l'extrémité du parc, va !... Retourne au camp, je ne veux pas que tu sois compromis.

AMAURY.

Je ne t'abandonnerai jamais !

GÉRARD.

Je l'exige !... je le veux... Au nom de ta mère dont tu es le seul appui !

AMAURY.

J'obéirai... Qui donc est là assis ? (Il s'approche.)

JASPIN, effrayé, se lève.

Hein !

AMAURY.

Jaspin !

GÉRARD.

Quel contre-temps !

JASPIN.

Gérard, ici !... Et les arrêts !... Ah ! mon Dieu ! il ne manquait plus que cela !...

GÉRARD.

Voilà ce que je craignais... Allons ! Jaspin, mon ami !... silence ! Allez avec Amaury.

JASPIN.

Où ?

GÉRARD.

Au camp !

JASPIN.

Mais vous ?

GÉRARD.

Moi !... Je reste.

JASPIN.

Rompre les arrêts !... Vous êtes perdu !... Quand je devrais...

GÉRARD.

Mon ami, j'ai compté sur vous... Nul ne m'a vu sortir du camp ; glissez-vous dans ma tente, et répondez pour moi s'il vient une ronde.

JASPIN.

Mais... comprenez...

GÉRARD.

Allons !... il le faut !...

JASPIN.

Encore une fois...

GÉRARD.

Dans une demi-heure je vous rejoindrai.

JASPIN.

Bien vrai ? (Gérard l'embrasse.) Vous m'embrassez, c'est que vous ne reviendrez pas ?

GÉRARD.

Allez !... allez ! vite... (A Amaury.) Emmène-le... Il est parti, bon Jaspin !... (Huit heures sonnent.) Huit heures !... Oh ! que je brûle !... J'ai soif... (Il s'approche de l'aqueduc.) Tiens !... cette belle eau a tari... (L'eau s'est arrêtée. Antoinette paraît cherchant son chemin dans l'obscurité parmi les arbres.)

SCÈNE X.
GÉRARD, ANTOINETTE.

GÉRARD.

Est-ce son ombre que je vois là-bas ? (Il appelle à voix basse.) Antoinette !... est-ce vous ?... (La reconnaissant.) Enfin !

ANTOINETTE.

Enfin !

GÉRARD.

J'étais bien sûr que vous ne m'aviez pas oublié !

ANTOINETTE.

Les gens heureux oublient, dit-on... Ceux qui souffrent, jamais !

GÉRARD.

Vous ne souffrirez plus !

ANTOINETTE.

Je le crois depuis que nous nous sommes revus ici !... Il me semble que désormais, près de ma puissante protectrice, je puis braver même notre ennemi.

GÉRARD.

Qui sait s'il ne vous reprendra pas ?

ANTOINETTE.

Elle me défendrait.

GÉRARD.

Il saura tromper sa surveillance... Il saura la briser, au besoin...

ANTOINETTE.
C'est vous qui venez me faire peur, Gérard !...
GÉRARD.
Je viens vous rassurer à jamais.
ANTOINETTE.
Comment?
GÉRARD.
En vous offrant les moyens d'être libre!
ANTOINETTE.
Je n'en connais qu'un seul.
GÉRARD.
La fuite, n'est-ce pas? Votre âme généreuse m'a compris... Des chevaux nous attendent à la barrière de l'aqueduc.
ANTOINETTE.
Vous avez prévenu madame de Maintenon?
GÉRARD.
Prévenue! pourquoi?
ANTOINETTE.
Parce qu'elle m'a sauvée, ramenée à vous, parce que je lui dois le plus beau jour de ma vie, le plus doux souvenir, parce que depuis ce matin elle m'a rappelé les soins et la tendresse de votre mère, parce que tout à l'heure encore, en passant devant moi, elle m'a embrassée, et que partir sans avoir son aveu, sans l'avoir au moins remerciée, serait une ingratitude, un oubli de cœur que Dieu punirait, et dont je ne me rendrai pas coupable !

GÉRARD.
Moi aussi, je serais ingrat... elle m'a comblé de ses bienfaits ; mais, en songeant à vous, je l'avais oubliée. Peut-être, ai-je moins de vertu parce que j'ai plus d'amour.
ANTOINETTE.
Oh !
GÉRARD.
Oui! vous avez raison, partir ainsi, compromettre ainsi la noble femme qui nous a sauvés l'un et l'autre, c'est plus que de l'ingratitude, c'est de la lâcheté... Pardon! je ne vois plus mon chemin dans la vie, je m'égare, ce qui presse, Antoinette, ce n'est pas de vous arracher d'ici, c'est de vous jeter dans les bras de la marquise... et moi, oh ! j'ai autre chose à faire ! _
ANTOINETTE.
Mon ami!
GÉRARD.
Restez à Saint-Ghislain, restez-y pure, tranquille, heureuse, n'ajoutez pas l'amour à tous les malheurs qui vous assiégent depuis votre naissance.
ANTOINETTE.
Mais vous?...
GÉRARD.
Oh! moi, qu'importe? j'ai épuisé toutes les douleurs... Louvois m'a tué ma mère dans mes bras! Par lui, sans un miracle, il y a huit jours, j'étais déshonoré! Hier encore il m'envoyait à la boucherie... Demain, condamné à l'inaction pendant que toute l'armée se couvrira de gloire, je mourrai mille fois. Et puis, d'autres malheurs viendront après... Laissez-moi, oubliez-moi ! J'ai cru un moment que vous m'entraîniez dans votre mauvaise fortune; c'est moi qui suis maudit et qui finirais par vous perdre... Antoinette, vous ne m'avez jamais dit que vous m'aimiez... ne le dites pas !... Demain vous en auriez regret, vous en auriez honte! Demain j'aurai commis un crime, j'aurai vengé ma mère, vous! moi! Demain j'aurai tué Louvois, et je serai mort!
ANTOINETTE.
Oh! tout à l'heure je vous refusais, j'étais folle... Gérard! je vous aime! partons. (Bruit sourd. Un homme passe au fond; il se dirige vers la porte du regard et l'ouvre. Gérard suit de l'œil chacun de ses mouvements. Des hommes armés s'élancent de l'aqueduc des torches à la main.)
GÉRARD.
Qu'est-ce que cela?... les Hollandais!... l'ennemi!... (Il a placé Antoinette à l'abri sur le seuil de la tourelle.) Les Hollandais!... (A ce cri les soldats de Guillaume se retournent et aperçoivent le jeune homme.) Aux armes !... l'ennemi !... (Il met l'épée à la main et fond tête baissée sur les Hollandais. Toutes les armes se dirigent sur lui, il va succomber. Antoinette perd connaissance et tombe sur les degrés, cachée par les branches d'arbres et les broussailles.)
GUILLAUME, à ses gens.
Ne tuez pas cet homme!... je ne veux pas qu'il soit versé ici une goutte de sang... qu'on le porte à la réserve! (Gérard disparaît emporté, bâillonné par trente bras robustes.)
UN OFFICIER.
Sire ! le carrosse de la marquise est arrêté ! (Deux officiers conduisent la Marquise au roi d'Angleterre.)
LA MARQUISE.
Les Hollandais! je suis donc prisonnière?
GUILLAUME, s'approchant.
Oui, madame!

LA MARQUISE, épouvantée.
Guillaume!... c'est donc vrai!...
GUILLAUME.
Madame, je pourrais vous garder comme otage, ce serait la victoire pour moi; mais je préfère votre amitié... Obtenez-nous la paix au nom de toute l'Europe qui pleure! Louvois vous gêne, je le sais. Demain, je vous enverrai contre lui un auxiliaire! Vous êtes libre!
LA MARQUISE.
Oh! sire! (Elle s'incline. Guillaume la fait reconduire à son carrosse.)
VAN-GRAAFT, bas à Guillaume.
Comment, vous lui rendez la liberté?...
GUILLAUME.
Je sais ce que je fais, mon maître !... Van-Graaft, reconduisez madame au château de Saint-Ghislain; allez! (Les soldats se groupent derrière Guillaume ; le carrosse reprend le chemin de Saint-Ghislain.)

ACTE IV.

SIXIÈME TABLEAU.

Une grande salle au château de Saint-Ghislain. — Fenêtre à droite avec balcon. — Larges portes au fond donnant sur un immense perron, et fermées par une tapisserie de Bruges. — La ville de Mons dans le lointain. — Il fait encore nuit.

SCÈNE PREMIÈRE.

LA MARQUISE, rentrant précipitamment, NANON, MANSEAU, endormis sur leurs sièges.)
LA MARQUISE.
Chez moi ! enfin ! — Manseau !
MANSEAU.
Madame! déjà!
NANON.
Madame ! ah! je savais bien, moi, que madame était à Bethléem.
LA MARQUISE.
Qui a dit le contraire?
NANON.
Monsieur de Louvois, donc.
LA MARQUISE.
Il est venu ?
NANON.
Un quart d'heure après votre départ, il voulait prendre à la supérieure cette jeune pensionnaire. Vous savez?
LA MARQUISE.
On ne la lui a pas livrée, j'espère?
NANON.
Oh ! mais la supérieure a été plus rusée que lui... nous sommes si adroites quand nous voulons !
LA MARQUISE.
Comment, plus rusée?
NANON.
Figurez-vous qu'il a eu beau prier, pester, menacer, elle a fait semblant de chercher la jeune fille partout et de ne pas la trouver. Monsieur de Louvois a cherché lui-même, mais point, furieux, il est accouru ici demander à voir madame. Madame est à Bethléem ai-je dit... Vous mentez, elle n'y est pas, puisque j'en viens a-t-il répondu. Mais je devine où elle est avec sa protégée. Elle m'a joué, je les retrouverai toutes deux. Et il est parti furieux. Avouez, madame, que c'est un bon tour.
LA MARQUISE.
Peut-être. il faudrait savoir au juste ce qui s'est passé. Vous questionnerez la supérieure et me rendrez réponse.
NANON.
Oui, madame. (Elle sort.)

SCÈNE II.

LA MARQUISE. Elle se recueille pendant quelques instants.
Avant tout soyez béni, mon Dieu, auteur de ma délivrance inespérée !... C'est vous qui avez touché le cœur de ce prince et lui avez inspiré d'être généreux envers sa prisonnière. Mon amitié !... a-t-il dit?... Oh! oui, mon amitié, ma reconnaissance éternelle ! Il voudrait le repos, la paix au sein de ses royaumes si chèrement conquis... Il l'aura, il l'aura glorieuse, digne de lui et de la France !... Mais qu'il vienne vite cet auxiliaire ! qu'il vienne avant que Louvois ne m'ait vaincue, car il veille, lui, et ses coups porteront peut-être avant les miens! Allons, bon espoir, bon augure !... Oh ! je le sens, s'il me livre bataille, malheur à lui ! je suis dans mon jour de victoire.

SCÈNE III.
LA MARQUISE, MANSEAU.

MANSEAU.
Quoi! madame! c'est un cocher hollandais qui vous a ramenée?... c'est donc vrai ce qu'on dit?... madame aurait couru cette nuit un pareil danger, et nous ne savions rien!... et nous dormions!...

LA MARQUISE.
Plus que jamais silence... jusqu'à ce que je vous ordonne de parler!... Qui vient là?

MANSEAU.
Mademoiselle Nanon, qui revient de chez la supérieure des Clarisses.

LA MARQUISE.
Bien : laisse-nous. (Elle s'assied et dépouille sa correspondance, Manseau sort.)

SCÈNE IV.
LA MARQUISE, NANON.

LA MARQUISE.
Voyons, ma mie, si votre supérieure a été aussi adroite avec monsieur de Louvois que vous le prétendez.

NANON.
Oh! madame, fine comme l'ambre. Elle s'est bien doutée que la jeune fille était avec madame, mais elle n'a pas voulu le dire!

LA MARQUISE.
Avec moi? elle se doutait que la pensionnaire était avec moi?

NANON.
Où serait-elle alors?

LA MARQUISE.
Elle n'est donc pas au couvent?

NANON.
Mais non.

LA MARQUISE.
Depuis quand?

NANON.
Mais depuis que madame est sortie en carrosse. Est-ce que, par hasard, madame ne l'a pas emmenée?

LA MARQUISE.
Moi!... oh!... mon Dieu!... mais il faut chercher, s'informer... Nanon!...

NANON, sortant.
Madame!

LA MARQUISE.
Manseau!

MANSEAU, accourant.
Madame.

LA MARQUISE.
Sur-le-champ... des flambeaux! descendez!... Mais voyez donc, j'entends bien du bruit.

MANSEAU.
C'est une troupe de cavaliers, madame... eh! c'est le roi, accompagné du ministre de la guerre.

LA MARQUISE.
Le roi!.. Louvois l'a prévenu de mon absence, on compte me prendre en défaut. Et cette enfant qui a disparu!... Allez! tout à l'heure je vous rejoins... Allez tous! (Elle se place sur un lit de repos.)

SCÈNE V.
LES MÊMES, UN PAGE, LE ROI, au fond de la galerie; puis LOUVOIS.

LE PAGE.
Le roi!

LE ROI.
Priez monsieur de Louvois d'attendre là. (Il entre.) Ah! madame, c'est vous! vous ici, quand je vous attendais à Bethléem?

LA MARQUISE.
Force m'a été de n'y pas aller, sire, comme en ce moment force m'est de ne pas me lever pour saluer Votre Majesté.

LE ROI.
Vous souffrez... Cependant vous étiez sortie tout à l'heure.

LA MARQUISE.
C'est pour cela que je souffre, sire. Mais, pardon, monsieur de Louvois n'attend-il pas là?... Qu'il entre.

LOUVOIS, entrant et saluant.
Voyons ce qu'elle aura trouvé contre moi. Cela ne vaudra pas ce que j'ai trouvé contre elle.

LE ROI, à la Marquise.
Peut-être bien aurez-vous pris un air malsain dans votre promenade.

LA MARQUISE.
Fort malsain.

LE ROI.
Mais cette promenade avait un but?

LOUVOIS, à part.
Oh! oui!...

LA MARQUISE.
Ne m'interrogez pas, je vous prie.

LE ROI.
Ah!...

LOUVOIS, à part.
Elle sent ce que je lui ménage, et voudrait attendrir le roi!... hum!

LE ROI.
J'aurais presque envie d'insister, marquise, dans l'intérêt de votre santé.

LA MARQUISE.
Si vous insistez, il faut donc vous satisfaire. (Appelant.) Manseau! (Manseau paraît.) Faites prévenir mon écuyer et le portier du château.

LE ROI.
Mais à quoi bon ces gens?

LA MARQUISE.
Le fait est que Manseau peut dire ce qui m'est arrivé, mes gens viendront en témoigner après.

LE ROI.
Ce qui vous est arrivé?

LOUVOIS.
Ce qui est arrivé...

LA MARQUISE.
Dites, Manseau... pour moi, je n'en ai pas la force.

LE ROI.
Voyons.

LOUVOIS.
Que prépare-t-elle?

LA MARQUISE.
Parlez donc, Manseau.

MANSEAU.
Eh bien, sire! cette nuit, Saint-Ghislain a été surpris par les Hollandais... la maison envahie, le carrosse de madame saisi, l'écuyer garrotté...

LE ROI.
Hein?

MANSEAU.
Et madame la marquise enlevée dans le parc même, qu'elle traversait pour aller à Bethléem.

LE ROI.
Enlevée!

LOUVOIS.
Conte de fée!

LA MARQUISE.
Appelez le cocher hollandais qui m'a ramenée.

LE ROI, arrêtant Manseau.
Marquise! les Hollandais ici!... cette nuit...

LA MARQUISE.
Cinq cents hommes! pas davantage.

LOUVOIS, aveuglé.
Oh! mon Dieu!...

LE ROI.
Mais alors, madame...

LA MARQUISE.
Alors, j'étais prisonnière... On m'entraînait au camp ennemi, voilà tout.

LE ROI.
Qui vous a sauvée, chère marquise?...

LA MARQUISE.
Le roi d'Angleterre... Pardonnez-moi de ne plus l'appeler prince d'Orange... la reconnaissance avant tout.

LE ROI.
Guillaume!...

LA MARQUISE.
« Vous êtes bien mal gardée, madame, m'a-t-il dit : je pourrais vous retenir comme otage; mais je veux seulement prouver au roi que je sais me conduire en chevalier. Vous êtes libre. » Et il m'a fait ramener par un de ses gens... Quelque grenadier, sans doute... Voulez-vous le voir?

LE ROI.
Oh!...

LA MARQUISE.
J'appelle cela un trait de roi!

LE ROI, avec une fureur concentrée. Il se lève.
Voilà donc comme je suis servi! Marquis, vous êtes ministre, général, surintendant, vous êtes tout ici... vous êtes responsable de tout. Qu'avez-vous à nous répondre?

LA MARQUISE, à part.
Oui... voyons.

LOUVOIS.
Elle me croit écrasé... (Au Roi.) Sire, avant de répondre, je

oudrais obtenir la permission de faire une question à madame la marquise.

LA MARQUISE.

Faites, monsieur, faites toutes les questions dont vous aurez besoin.

LOUVOIS.

Oh! une seule... Où est monsieur le comte de Lavernie? Ici, sans doute?

LA MARQUISE.

Ici? pourquoi y serait-il, puisque vous l'avez mis aux arrêts dans sa tente.

LOUVOIS.

Ici, ou dans tout autre endroit connu de madame la marquise.

LA MARQUISE.

Je ne sais pas ce que vous voulez dire, monsieur.

LOUVOIS.

Alors, madame, vous ignorez où il est?

LA MARQUISE.

Je l'ignore absolument, et trouve la question pour le moins bizarre.

LOUVOIS.

Fort bien!...

LE ROI.

Le fait est que le nom de Lavernie n'a rien à faire dans ce qui nous occupe, et qu'il n'est pas une réponse à ce que je vous demandais.

LOUVOIS.

Sire, madame a daigné répondre... je vais répondre à mon tour. Et d'abord, je ne suis rien à Saint-Ghislain, moi.

LE ROI.

Soit... mais vous avez cent mille hommes autour de Saint-Ghislain, c'est plus qu'il n'en faut pour empêcher cinq cents Hollandais d'y pénétrer.

LOUVOIS.

Cent mille hommes, un million d'hommes, sire ne peuvent rien parfois contre une trahison.

LE ROI.

Une trahison!...

LA MARQUISE.

Oh! monsieur, ce n'est pas neuf. Il y a toujours un peu de trahison en toute chose... Tant pis pour qui ne s'en défie pas!...

LOUVOIS.

Et comment s'en défier quand le traître est dans la maison?... quand on le sait officier, gentilhomme, favori? quand une protection auguste le couvre, et qu'il s'appelle Gérard comte de Lavernie?...

LA MARQUISE, avec colère.

Encore!...

LOUVOIS.

Encore.

LA MARQUISE.

Aujourd'hui vous prouverez!...

LOUVOIS.

A l'instant!... Hier j'ai mis cet officier aux arrêts... vous venez de le dire vous-même... Deux heures après il n'était plus dans sa tente, plus au camp... nulle part. Depuis deux heures toute l'armée le cherche, le soupçonne; moi, je l'accuse!...

LA MARQUISE.

Vous aurez mal cherché.

LOUVOIS.

Cherchez mieux, madame... Trouvez-le... sinon...

LA MARQUISE.

Sinon?...

LOUVOIS.

Sinon, je dirai tout haut ce que tout à l'heure j'osais penser à peine, ce qui maintenant m'est prouvé... Je dirai qu'il a livré le parc de Saint-Ghislain aux Hollandais... ce parc qu'il connaissait mieux que personne; car vous l'y avez reçu hier... Je dirai, enfin, qu'après avoir commis ce crime, il a passé à l'ennemi!...

LA MARQUISE.

Monsieur!...

LE ROI.

Trouvez-le, madame!... Il y va de son honneur.

LA MARQUISE, à part.

Lui, disparu... comme Antoinette... Le désespoir les aurait-il à ce point égarés?...

LOUVOIS à part.

Ou elle le retrouvera, et je reprends Antoinette, ou elle s'obstinera, et ils sont tous perdus!

LE ROI.

On dirait que vous hésitez, marquise?

LA MARQUISE.

J'hésite, parce que je ne puis comprendre le mobile d'une si abominable trahison... J'hésite!...

LOUVOIS.

Voulez-vous que je vous aide à deviner, madame?

LA MARQUISE, à elle-même.

Si je résiste, il va me demander Antoinette comme il m'a redemandé Gérard.

LE ROI.

Madame a raison, Louvois, un officier ne trahit pas son roi et son pays pour un dépit de vingt-quatre heures d'arrêts.

LOUVOIS.

Oh! sire, monsieur de Lavernie avait d'autres raisons que madame ignore sans doute, et que je communiquerai à Votre Majesté si elle veut bien parcourir avec moi ce parc, et examiner le terrain et les traces de l'embuscade dont madame a failli être victime.

LE ROI.

Eh bien! allons, j'ai besoin de voir pour croire à un pareil malheur!... Oh! quel terrible compte je vais demander au coupable!... s'il y a un coupable, marquise. Je descends au parc avec Louvois, et reviens tout à l'heure.

Elle ne répond rien... Elle courbe la tête... Je l'ai terrassée...

LE ROI.

Ne prenez pas trop de chagrin, marquise. Les ingrats sont en majorité dans ce monde.

LOUVOIS, raillant.

Et cherchez encore, madame; ne vous découragez pas!... (Il sort.)

SCÈNE VI.

LA MARQUISE, seule, abattue.

Lavernie!... Lavernie!... démon du remords et du châtiment!... Tout malheur me viendra donc éternellement de ta part?... Il a enlevé cette jeune fille; il fuit lâchement, et me laisse perdue, écrasée sous son crime!... Oh! mais je lutterai, je chercherai, je saurai... (Elle sonne. Manseau paraît.) Manseau, mon cher Manseau, fidèle ami, montez à cheval, courez au camp; amenez-moi sur-le-champ monsieur Jaspin, vous savez?

MANSEAU.

Oui, madame.

LA MARQUISE.

Et puis recueillez les bruits... Écoutez, n'interrogez pas... Sachez tout ce qui se dit de moi... de la surprise de cette nuit. Tout ce qui se dit surtout de la trahison du comte de Lavernie...

SCÈNE VII.

LES MÊMES, JASPIN.

JASPIN.

De la trahison du comte de Lavernie?...

LA MARQUISE.

Ah! c'est lui!... Allez!... (Manseau part.) Malheureux!... Oui, sa trahison, son infâme trahison!... Ne la savez-vous pas?

JASPIN.

Il n'a pas trahi.

LA MARQUISE.

Il n'a pas enlevé mademoiselle de Savières?

JASPIN.

Jamais.

LA MARQUISE.

Êtes-vous fou?

JASPIN.

J'ai eu peur de le devenir. Mais Dieu! est-ce que Dieu n'est pas là? Tout à l'heure, en apprenant ce qu'on disait de Gérard, en courant sur ses traces pour l'arrêter s'il était temps encore, j'ai vu dans l'ombre du parc une figure blanche agenouillée près de l'aqueduc. C'était elle, marquise, insensible, muette. Je l'ai prise dans mes bras, je l'ai emportée jusqu'ici, puis j'ai appelé Nanon, qui m'est venue à mon aide, et nous l'avons montée dans sa chambre, là.

LA MARQUISE.

Jaspin! Jaspin! Oh! oui, Dieu est là. Mais on vous a vu.

JASPIN.

La nuit, par l'escalier dérobé. Personne.

LA MARQUISE.

Et Gérard, qu'est-il devenu?

JASPIN.

Je venais vous le demander, madame.

LA MARQUISE.

O mon ami! je n'ai plus peur pour lui: nous avons sauvé son honneur!

MANSEAU, dans le vestibule.
Si vous continuez, j'appellerai main-forte.
LA MARQUISE.
Qu'y a-t-il?
MANSEAU.
C'est ce cocher hollandais.
LA MARQUISE.
Ne l'a-t-on pas bien traité?
MANSEAU.
Je lui ai fait servir le vin du roi, il a jeté le verre, votre écuyer a voulu le contraindre à boire, et en jetant le verre, il a failli aussi jeter votre écuyer par la fenêtre.
LA MARQUISE.
Oh!... qu'on lui donne dix louis, trente louis, et qu'il parte vite! Allez, mon cher Jaspin, vous remettrez un peu et remettrez l'esprit de cette jeune fille. Puis, retournez au camp et veillez! Moi, je suffis à Saint-Ghislain.
JASPIN.
Quoi! vous n'êtes plus inquiète?
LA MARQUISE.
De rien. Adieu! (A Manseau.) Encore!
MANSEAU.
Il refuse l'argent et veut voir madame.
LA MARQUISE.
Soit. Je le remercierai moi-même. C'est une politesse que je dois bien à son maître... (A Nanon.) Ah! ma mie, elle est donc là!...
NANON.
Oui, madame!
MANSEAU, au dehors.
Allons, entrez, puisqu'on vous y autorise.

SCÈNE VIII.

LES MÊMES, VAN-GRAAFT, précédé d'un valet.

LA MARQUISE.
Il n'est pas ivre, ce me semble. (Van-Graaft s'approche et la salue d'un signe de tête doux et bienveillant.) Un salut hollandais; mais enfin c'est un salut.
NANON.
Aura-t-il bientôt fini de nous regarder?
VAN-GRAAFT regarde si étrangement le laquais qui éclaire, que celui-ci sort avec son flambeau.
Voilà donc celle qu'on appelle la marquise de Maintenon!
LA MARQUISE.
Oui, mon ami, c'est moi.
VAN-GRAAFT.
Une illustre dame, une ennemie de Louvois.
LA MARQUISE.
Oh! de la politique avec un cocher!... Mon ami, je vous remercie et vous prie d'accepter... (Elle lui tend une bourse, il la repousse doucement.)
VAN-GRAAFT.
Non. C'est moi qui vous apporte de l'argent.
NANON.
De l'argent à madame!... Oh! par exemple, mon cher... (Elle ricane.)
VAN-GRAAFT, désignant Nanon.
Renvoyez cette femme. J'ai à causer avec vous seule.
NANON.
Me renvoyer!...
LA MARQUISE.
Va, ma mie.
NANON.
Mais il est fou! Prenez garde.
LA MARQUISE.
Raison de plus pour ne pas l'irriter. Va! va!
NANON.
Voilà qui est fort! un cocher! (Elle sort furieuse.)

SCÈNE IX.

LA MARQUISE, VAN-GRAAFT, s'asseyant.

LA MARQUISE.
Il s'assied!...
VAN-GRAAFT.
On dit que vous avez fondé en France un asile pour les enfants pauvres, pour les jeunes orphelines. C'est bien, cela. Voilà une véritable idée de reine. Au fait, vous êtes reine, et si vous n'êtes pas couronnée, c'est la faute de ce scélérat qu'on appelle Borssmann... non, Louvois.
LA MARQUISE, à part.
Pas si fou!
VAN-GRAAFT.
Que c'est beau de recueillir les enfants abandonnés, de les nourrir, de les caresser! Vous les caressez quelquefois, n'est-ce pas? Eh bien, Guillaume me disait l'autre jour...
LA MARQUISE.
Guillaume?
VAN-GRAAFT.
Mon ami Guillaume. Le roi des Anglais.
LA MARQUISE.
Votre ami... Ah çà! monsieur, qui êtes-vous donc?
VAN-GRAAFT.
L'ami de Guillaume.
LA MARQUISE.
Vous n'êtes donc pas son serviteur?
VAN-GRAAFT.
Si..
LA MARQUISE.
Son cocher enfin?
VAN-GRAAFT.
Son cocher aussi; je suis tout ce qu'il faut que je sois pour être l'ami de Guillaume.
LA MARQUISE.
Il m'avait promis de m'envoyer quelqu'un...
VAN-GRAAFT.
C'est moi, et je profite de l'occasion pour vous apporter de quoi aider un peu votre maison de Saint-Cyr, qui manque d'argent, à ce qu'on dit, parce que ce coquin de Louvois dépense tout pour la guerre. Je donne un million... avez-vous une plume, que je fasse un billet sur Rotterdam?
LA MARQUISE.
C'est ce riche marchand!... oui!... (A Van-Graaft.) Monsieur, pour aimer à ce point les enfants, il faut que vous soyez un heureux père.
VAN-GRAAFT.
Ma femme avait un enfant... quant à moi, je ne suis pas un père, je suis un homme malheureux.
LA MARQUISE.
Pourquoi plaignez-vous si tendrement les enfants abandonnés?
VAN-GRAAFT.
Parce que l'enfant d'Éléonore est mort ou abandonné.
LA MARQUISE.
Mais votre femme a dû souffrir.
VAN-GRAAFT.
Elle ne souffre plus... je l'ai tuée!
LA MARQUISE, se levant avec effroi.
Oh!
VAN-GRAAFT.
Un homme appelé Borssmann l'avait séduite... et si je vous conte tout cela, c'est parce que mon ennemi est le vôtre... ce Borssmann d'autrefois, c'est Louvois aujourd'hui.
LA MARQUISE.
Louvois!
VAN-GRAAFT, à lui-même.
Et sitôt qu'il m'aura dit ce qu'il a fait de l'enfant d'Éléonore... je le tuerai.
LA MARQUISE.
Louvois! ô justice divine... Mais alors, monsieur, quel âge aurait votre enfant... cet enfant?
VAN-GRAAFT.
Il y a dix-sept ans que ma femme est morte.
LA MARQUISE.
Mon Dieu! tandis qu'il cherche mon secret, n'aurais-je pas découvert le sien!
MANSEAU, entrant.
Le roi revient, madame.
LA MARQUISE.
Et avec lui toutes mes douleurs que j'oubliais en écoutant cet infortuné... mais j'y songe, lui, l'ami de Guillaume, il savait sa tentative sur Saint-Ghislain.
VAN-GRAAFT.
C'est moi qui la lui ai conseillée, la maison est à moi; seulement, je lui disais de la faire sauter, il a bien fait de ne me pas croire.
LA MARQUISE.
Alors, il n'est pas vrai qu'un traître, un officier ait livré Saint-Ghislain au roi d'Angleterre?
VAN-GRAAFT.
C'est faux!
LA MARQUISE.
Vous n'avez pas ouï dire qu'un officier ait passé cette nuit à votre camp?
VAN-GRAAFT.
Non... Mais en entrant ici, nos soldats en ont trouvé un, l'épée à la main.
LA MARQUISE, pâle d'effroi.
Ils l'ont tué!

VAN-GRAAFT.

Je ne sais pas ; non, sur l'ordre du roi, on l'a conduit à notre quartier général.

LA MARQUISE.

Oh ! monsieur ! un service signalé ! faites que le roi Guillaume le renvoie sur-le-champ... puis revenez ici, et alors je vous promets...

VAN-GRAAFT.

Pas d'or, n'est-ce pas?

LA MARQUISE.

Je vous promets de forcer Louvois à vous dire où est cet enfant.

VAN-GRAAFT.

Vous !... je reverrais cet enfant !... vous me le promettiez !... Oh !... ce ne sera pas long, je n'ai qu'un mot à écrire et je reviens ! adieu ! (Il sort précipitamment.)

LA MARQUISE.

L'auxiliaire sera puissant... Guillaume avait raison !

SCÈNE X.

LA MARQUISE, LE ROI, LOUVOIS.

LE ROI.

C'est avéré... c'est odieux... c'est infâme ! il fallait bien connaître le parc et l'aqueduc pour introduire par là l'ennemi.

LOUVOIS, à part.

Elle n'est pas remise encore. (Haut.) Je le disais bien à Votre Majesté, sans religion ni discipline, pas de soldat ni d'honnête homme.

LE ROI.

Nous n'en parlerons plus, marquise, pour ne point vous mortifier.

LA MARQUISE.

Pourquoi, sire, ne supporterais-je pas la punition de mes fautes? Pourquoi monsieur de Louvois ne recueillerait-il pas le prix de sa victoire? S'il a raison, c'est trop rare pour qu'il n'en profite pas.

LE ROI.

Marquise, marquise, ne récriminons pas. Ce serait inutile... mes ordres sont partis.

LA MARQUISE.

Vos ordres... pour le châtiment du coupable?

LE ROI.

Impitoyables, je l'avoue... mais c'est ainsi qu'on doit extirper la trahison dans une armée française.

LOUVOIS.

Madame paraît désirer connaître la teneur de ces ordres... Eh bien, madame, ordre est donné de saisir le sieur de Lavernie partout où il se trouvera, et de le faire passer par les armes, sans délai, sans appel, ladite exécution pouvant se faire en tel endroit qu'il plaira au commandant qui en sera chargé.

LA MARQUISE.

C'est impitoyable, en effet. Mais s'il est chez le roi d'Angleterre, il ne risque rien.

LE ROI.

L'exemple n'est pas moins fait.

LOUVOIS.

Je vois qu'un reste de bonté plaide encore pour ce grand coupable dans le cœur de madame la marquise.

LA MARQUISE.

J'ai peine, je l'avoue, à croire qu'il ait livré Saint-Ghislain... qu'il m'ait livrée, moi, sa bienfaitrice, sans aucun motif, sérieux.

LE ROI.

Oh ! je sais son motif, maintenant, monsieur de Louvois me l'a expliqué.

LA MARQUISE.

Monsieur ne me l'avait pas expliqué à moi.

LOUVOIS.

Je vous l'ai offert, madame, mais puisque vous le souhaitez...

LA MARQUISE.

Inutile, inutile...

LA MARQUISE.

Pourquoi donc?... dites, monsieur.

LOUVOIS.

Monsieur de Lavernie n'est pas parti seul... il a emmené cette jeune fille que vous protégez aussi, madame, et que déjà une fois il avait voulu enlever... Or, cette jeune fille était à Saint-Ghislain ; il lui a donc fallu bouleverser Saint-Ghislain, l'emplir de terreur et de trouble, à la faveur desquels il s'est enfui avec sa complice.

LE ROI.

Voilà ce que vous ignoriez, madame.

LA MARQUISE.

Mais, pardon, pardon, je comprends mal, de quelle jeune fille voulez-vous donc parler?

LOUVOIS.

De mademoiselle de Savières, qu'hier encore vous promettiez solennellement de me remettre à moi.

LA MARQUISE.

Mais alors, vous êtes insensé, monsieur. Accusez monsieur de Lavernie d'avoir passé aux Hollandais, je ne puis prouver le contraire, je vous laisse dire... mais que vous prétendiez qu'il a enlevé mademoiselle de Savières, pour l'honneur de cette jeune fille, je ne le souffrirai pas.

LOUVOIS.

Cependant, c'est vrai.

LA MARQUISE.

C'est faux !

LOUVOIS.

Il n'y a pas dix minutes que Sa Majesté a questionné la supérieure.

LE ROI.

En effet !...

LA MARQUISE.

Pourquoi la supérieure plutôt que moi?

LE ROI.

Eh bien ! alors, madame, dites-où elle est.

LA MARQUISE, appelant.

Nanon !... Où est la pensionnaire malade?

NANON.

La voici, madame.

SCÈNE XI.

LES MÊMES, ANTOINETTE.

LOUVOIS.

Elle !...

LE ROI.

C'est mademoiselle de Savières.

LA MARQUISE.

Mais oui.

NANON, bas à la Marquise.

Cet homme est revenu... ce fou.

LA MARQUISE.

Place-le là derrière la tapisserie, qu'il entende ce qu'on va dire ici.

LOUVOIS, à part.

C'était un piége.

LA MARQUISE.

Mademoiselle, remettez-vous, voici monsieur de Louvois qui vient vous chercher pour vous emmener de Saint-Ghislain...

ANTOINETTE.

Oh !... jamais !...

LA MARQUISE.

Et voici le roi.

ANTOINETTE, se jetant aux pieds de Louis XIV.

Sire ! sauvez-moi, sauvez-moi !

LOUVOIS.

La scène est préparée.

LE ROI.

De qui donc vous sauverai-je?

LOUVOIS, avec un sourire forcé.

Mais de moi, sans doute.

ANTOINETTE, à Louvois.

Oui, de vous. De vous, qui depuis mon enfance pesez sur ma vie et m'écrasez de douleur, sans avoir voulu me dire de quel droit vous m'opprimez !

LE ROI.

Marquis, on vous accuse, et violemment, ce me semble.

LOUVOIS.

J'eusse été bien surpris...

ANTOINETTE.

Répondez enfin, en face du roi. Oui, je vous accuse de m'avoir rendue la plus malheureuse, la plus humiliée des créatures. Où sont mes parents, qui sont-ils? j'en ai, nommez-les? Cent fois je vous l'ai demandé les larmes aux yeux, à mains jointes. Un enfant, fût-il un enfant perdu, tient à quelque fil mystérieux en ce monde, et pour qu'un homme tel que vous emploie toute sa puissance à cacher, à ensevelir cet enfant, il faut bien croire que le mystère en vaut la peine !... monsieur, le roi est le père de tous ses sujets, le roi est mon père, il va me défendre ou me condamner... Sire, on veut me forcer de faire des vœux, et moi je crains de ne pas servir Dieu comme il le mérite... Sire, monsieur de Louvois détruit autour de moi tout ce qui me protège ou qui m'aime. Pourquoi ! vous voyez qu'il ne répond pas... Vous êtes son maître, sire, demandez-lui à quel endroit il a volé mon berceau, et à quel endroit il veut creuser ma tombe !

LE ROI, la calmant du geste et la confiant à la Marquise.

Eh bien, marquis, répondez.

LOUVOIS.

Sire, toutes ces fureurs étaient superflues. Si je me suis tu jusqu'à présent, c'est qu'il est des secrets que cette jeune fille n'a pas besoin de connaître... Si je l'ai enlevée, cachée, c'est que j'en ai le droit.

ANTOINETTE.

Mes parents, mes parents, nommez-les !

LOUVOIS.

Qui sait si je ne protége pas par mon silence l'honneur d'une famille ? Qui sait si la révélation du secret dont je suis dépositaire ne causerait pas plus de calamités que cette enfant ne déplore de puériles misères ?... J'ai le droit de ne nommer personne, même au roi mon maître, à moins qu'il ne me le demande tout bas comme au pénitent le confesseur, et s'il est quelqu'un sur la terre qui puisse démentir ma parole ou contester mon droit, s'il est un parent, un allié de cette jeune fille qui puisse m'accuser de la retenir injustement, qu'il se montre et nous discuterons. (Van-Graaft lève la tapisserie et paraît.)

SCÈNE XII.
LES MÊMES, VAN-GRAAFT.

VAN-GRAAFT.

Me voici !

LOUVOIS.

Quelle est cette comédie ?

LE ROI.

Qui êtes-vous ?

VAN-GRAAFT, au Roi.

Je suis le père de cet enfant, et je n'ai jamais confié ma fille à cet homme. Je m'appelle Van-Graaft !

LOUVOIS.

Van-Graaft !

VAN-GRAAFT.

Facteur Borssmann, voulez-vous que nous racontions au roi pourquoi elle a perdu sa mère ?

LOUVOIS.

Oh !... (Il chancelle et tombe à demi mort sur un fauteuil.)

ANTOINETTE fait un pas vers Van-Graaft, qui demeure immobile, regardant Louvois.

C'est mon père, et il ne m'embrasse pas.

VAN-GRAAFT, à la Marquise, qui s'approche de lui.

Tant qu'il vivra... jamais.

LE ROI, à Louvois.

Ainsi vous ne contestez pas ?

LOUVOIS, se relevant.

Non.

LA MARQUISE.

Sire, monsieur Van-Graaft est ce Hollandais qui m'a ramenée tantôt par l'ordre du roi Guillaume, et son maître, dont il est l'ami, doit fournir quelques renseignements à Votre Majesté sur cette prétendue trahison, qui, vous allez le voir, n'est pas plus vraie que la fuite de mademoiselle de Savières.

LOUVOIS, ranimé.

Il faudra prouver !

VAN-GRAAFT, tire une lettre qu'il remet à la Marquise.

Elle arrivait quand j'expédiai mon courrier. (La Marquise donne la lettre au Roi.)

LE ROI.

Signé Guillaume. (Mouvement de Louvois.) « Madame, je voulais » renvoyer au roi le prisonnier que mes gens ont fait dans » Ghislain, malgré sa défense vigoureuse. »

LOUVOIS.

Il était à Saint-Ghislain, vous voyez !

LE ROI.

Malgré ses arrêts !

ANTOINETTE.

Mon Dieu !

LA MARQUISE, vivement.

Parlez, mademoiselle, et ne craignez pas. On ne risque jamais rien à dire la vérité au roi.

ANTOINETTE.

Sire, monsieur de Lavernie pressentait les desseins de monsieur de Louvois et mon départ de l'abbaye. Il voulait me prévenir, me sauver, voilà pourquoi il a quitté le camp. C'est pour moi, je suis seule coupable... N'accusez que moi... Si vous saviez comme il s'est bravement jeté l'épée à la main dans ce flot d'ennemis qui l'englontissait !... Grâce ! grâce !...

LA MARQUISE, à Van-Graaft.

Mais qu'est-il devenu ?...

VAN-GRAAFT.

Attendez... (Il sort regardant toujours Antoinette.)

LE ROI.

« Mais cet officier vient de m'échapper en me tuant deux de » mes meilleurs dragons. Je lui pardonne en songeant qu'il dé» fendait son honneur, et regrette seulement de n'avoir pas eu » le mérite de rendre la liberté à un honnête et vaillant servi» teur de la France... Au moment où j'écris, il est sans doute » rentré dans le camp français. »

LA MARQUISE.

Vous voyez, sire.

LE ROI, qui a surpris l'expression haineuse du regard de Louvois.

Mais, d'après les ordres que j'ai donnés... s'il rentre, il est perdu.

LA MARQUISE.

Oh ! c'est vrai.

ANTOINETTE.

Perdu !

LOUVOIS.

On ne peut pas tout prévoir.

LA MARQUISE, au Roi.

Le comte n'est pas coupable, c'est prouvé; vous ne permettrez pas la mort d'un innocent !

ANTOINETTE.

Sire, pitié !

LE ROI.

Je vais envoyer...

LOUVOIS.

Ce sera bien long.

LA MARQUISE.

Ah ! monsieur... si ce jeune homme meurt... je crains bien pour vous la colère divine !... Aidez au roi, monsieur; mais aidez-lui donc ! ne voyez-vous pas que ce sang va retomber sur votre tête ?

SCÈNE XIII.
LES MÊMES, JASPIN.

JASPIN.

Madame ! madame ! vous ne le laisserez pas mourir.

LA MARQUISE.

Il est donc revenu ?

JASPIN.

Il s'est livré, ils l'ont pris, ils le tuent !... (Antoinette et la Marquise poussent un cri déchirant.)

LA MARQUISE.

C'est lui qui a élevé ce malheureux, cet innocent; signez la grâce... sire, signez ! (Antoinette donne la plume au Roi.)

Oh !... vite, vite !

JASPIN.

Un courrier ! (Louvois hausse les épaules.)

JASPIN.

Ah ! bien oui, un courrier... un geste, un cri à cette fenêtre ! (Il court à la fenêtre.)

LOUVOIS.

Ils sont fous... ils croient que leur cri va porter à une lieue !

JASPIN, criant.

Monsieur de Rubantel !... monsieur de Villemur !... j'ai la grâce !

LOUVOIS, saisi d'étonnement.

Rubantel ! Villemur !

JASPIN.

Le commandant était libre de choisir le lieu de l'exécution : monsieur de Rubantel a choisi Saint-Ghislain.

LOUVOIS.

Oh ! (La Marquise tend le papier à Jaspin.)

JASPIN.

Merci, madame, merci ! je cours... (Il sort.)

LA MARQUISE.

Merci, Dieu clément !

LOUVOIS.

Malheur !

LA MARQUISE.

Sire... oh ! que vous êtes bon et grand !

LE ROI, entre ces deux femmes prosternées.

Il ne s'agit plus seulement de la vie du comte, il s'agit de son honneur, comme dit le prince d'Orange... Qu'on amène ici le prisonnier !

SCÈNE XIV.

LES MÊMES. Il fait grand jour, tout le fond s'ouvre, et par la terrasse on voit la ville de Mons. Entrent en foule OFFICIERS, SOLDATS, LAVERNIE, RUBANTEL, VILLEMUR, JASPIN, AMAURY, etc.

LE ROI, à Lavernie.

Monsieur, vous avez droit à une réparation d'honneur, et, pour qu'elle soit complète, éclatante, je tiens à vous la faire moi-même. Cette lettre du prince d'Orange vous justifie et vous réhabilite. Il vous proclame un honnête et vaillant serviteur, et je déclare vous tenir pour tel, n'admettant pas qu'on puisse douter jamais de la parole d'un prince. Gardez cette lettre, mon-

sieur; elle appartient désormais aux archives de votre famille, et pour que nul ne révoque en doute la satisfaction que j'éprouve à vous rendre justice, approchez-vous, plus près encore, je vous en prie. (Il l'embrasse.)
TOUS.
Vive le roi !
AMAURY.
Mon bon Gérard !... (Gérard est fêté, embrassé ; il défaille. La Marquise est en face de lui ; Autolaetia tient une de ses mains, Jaspin l'autre.)
LOUVOIS.
La journée est mauvaise !...
JASPIN, voyant Desbuttes se glisser jusqu'à monsieur de Louvois.
Desbuttes !... Le brigand !...
LA MARQUISE.
L'homme qu'il a envoyé à Lavernie !...
DESBUTTES, bas à Louvois.
Monseigneur, grande nouvelle !
LOUVOIS.
Parle vite !
DESBUTTES.
J'ai découvert le chirurgien qui assistait la comtesse de Lavernie à la naissance de son fils.
LA MARQUISE.
Que disent-ils ?
LOUVOIS.
Il vit encore ?
DESBUTTES.
Bien cassé, très-faible d'esprit ; mais il parle et il dira tout !...
LOUVOIS.
Amène-le à Versailles.
DESBUTTES.
Il y sera dans trois jours !... (Il sort.)
LOUVOIS.
Dans trois jours, ma revanche !
LA MARQUISE.
Oh ! tant que ce démon vivra, ma vie, à moi, ne sera qu'une torture.
VAN-GRAAFT, qui s'est approché d'elle sans qu'on l'ait remarqué.
Je viens de causer avec son médecin, il ne vivra pas longtemps.
LA MARQUISE.
Monsieur !...
VAN-GRAAFT.
Il faut bien que j'embrasse ma fille...
LE ROI.
Louvois !... Mons une fois plus, je veux la paix... Vous m'entendez ?
LOUVOIS.
La paix !...
LE ROI.
Vous satisferez les Suisses qui se plaignent de moi..... Vous écrirez à Catinat de ménager monsieur de Savoie, dont l'incendie dévore les villes... Vous me réconcilierez avec Guillaume d'Orange.
LOUVOIS.
Sire !...
LE ROI.
Vous m'avez entendu !...
LOUVOIS.
Permettez...
LE ROI.
Plus un mot... Je veux la paix....partout... Obéissez ! (Le tirant plus à l'écart.) Quant à cette haine que vous portiez à la marquise et à ses amis, haine implacable qui éclate en persécutions scandaleuses...
LOUVOIS.
Je défends l'honneur de Votre Majesté.
LE ROI.
Monsieur... Voilà un mot terrible qu'il vous faudra justifier par une preuve irrécusable.
LOUVOIS.
Dans trois jours, à pareille heure, à Versailles.
LE ROI.
Soit !... Dans trois jours !
LA MARQUISE, bas à Jaspin.
Je saurai ce que lui a dit le roi, sachez ce que lui a dit Desbuttes.
JASPIN.
Oui.
LE ROI.
Messieurs !... l'assaut général est pour quatre heures... le dernier assaut, n'est-ce pas ?... J'ai commandé mes équipages pour Versailles.
TOUS.
Le dernier ! le dernier ! Oui, oui !

RUBANTEL.
Sire, vous coucherez ce soir dans Mons.
AMAURY.
Ou nous serons tous couchés sur les glacis !
TOUS.
Oui, oui ! (On entend sonner quatre heures.)
LE ROI, vivement.
Écoutez, messieurs !... l'heure sonne !... (On entend au loin le canon, les clairons, les tambours.) Le roi vous regarde... En avant !...
TOUS.
A Mons !... à Mons !... (Les officiers lèvent et agitent leurs chapeaux ; les épées brillent ; tous se précipitent vers la ville assiégée.)

ACTE V.
SEPTIÈME TABLEAU.

A Versailles. — Salle du conseil des ministres. Grande cheminée à gauche. Grande porte au fond. — Porte à droite ouvrant sur une galerie qui communique aux cabinets des secrétaires.

SCÈNE PREMIÈRE.
GÉRARD, RUBANTEL, COURTISANS.
RUBANTEL.
Eh bien ! cher comte, nous voilà donc revenus bien vivant de ce terrible Mons !
GÉRARD.
Pas tous... mon pauvre Amaury est resté !
RUBANTEL.
C'est mourir jeune, mais c'est bien mourir... Voyons, à quand le mariage ?...
GÉRARD.
Mais nous signons le contrat aujourd'hui, chez madame la marquise... je n'attends plus que mon bon Jaspin qui va revenir.
RUBANTEL.
Et pour comble de bonheur, la paix ! car, vous le savez, mon ami, c'est un fait acquis... Le roi a dit hier à son coucher : A présent que je suis vainqueur, je fais demander la paix. — Et Louvois en crèvera ! tout bénéfice !
GÉRARD.
La paix vous ôte peut-être le bâton de maréchal...
RUBANTEL.
Elle me permet d'aller embrasser mes enfants.
L'HUISSIER.
On entre chez le roi ! (Chacun se dirige vers la galerie.)

SCÈNE II.
QUELQUES COURTISANS arrivant, puis JASPIN et LA MARQUISE.
LA MARQUISE.
Eh bien ! s'il en est ainsi, Jaspin, si vos yeux ne vous ont pas trompé...
JASPIN.
Non, madame... quand mon carrosse a heurté et renversé cette chaise de voyage qui arrivait à Meudon, chez monsieur de Louvois, j'ai vu, j'ai reconnu la figure pâle, altérée, du vieux chirurgien de Lavernie.
LA MARQUISE.
Alors le secret nous échappe, et je suis perdue...
JASPIN.
Je me suis déjà demandé à quoi ma vie pourrait servir.
LA MARQUISE.
Pourquoi ?
JASPIN.
Parce que... je vous la donnerais.
LA MARQUISE.
Non... Dieu seul pouvait me sauver... il n'a pas voulu... il ne veut pas même épargner mon honneur !...

SCÈNE III.
LES MÊMES, MANSEAU.
MANSEAU, remet un rouleau à la Marquise et sort.
LA MARQUISE déchire l'enveloppe, qui renferme trois papiers.
De la part du roi d'Angleterre ! l'écriture de Louvois... sa signature... (Elle lit.) Ses dépêches !... ô mon Dieu ! mon Dieu ! oui, c'est un présent royal... Quoi ! il a osé écrire cela, le malheureux ! eh bien ! s'il faut que je sois perdue... au moins je ne tomberai pas seule !... Guillaume, je vais porter votre présent au roi ! (Elle sort précipitamment.)
JASPIN, seul.
Encore une tempête ! O parc de Lavernie, douce retraite... tombeau de ma chère maîtresse... quand pourrai-je vous revoir ?...
L'HUISSIER.
Monsieur, c'est l'heure du travail des ministres, je ferme...
JASPIN.
Voudrez-vous prévenir madame la marquise ou monsieur de Lavernie que je me promène devant l'Orangerie ?... (Il sort.)

SCÈNE IV.

UN PAGE DE LOUVOIS portant son nécessaire, UN SECRÉTAIRE avec le portefeuille, LOUVOIS.

LOUVOIS.

On n'a plus entendu parler de ce Van-Graaft... c'est le seul ennemi que je craigne, son silence même m'inquiète... comment se fait-il que je n'aie pas revu Séron?... jamais il n'a manqué à mon lever... Je ne mangerai pas ce matin... (Au Page.) Mon eau! (Le Page ouvre le nécessaire et verse un verre d'eau de Forges qu'il dépose sur la cheminée. Au Secrétaire.) Mes portefeuilles... Quelle heure est-il?... Deux heures. Le roi est en audience?...

L'HUISSIER.

Oui, monseigneur...

LOUVOIS.

Je ne reçois personne. Allez, page. (Le Page sort. — Au Secrétaire.) Vous avez oublié mes chiffres... (Le Secrétaire sort.) C'est étrange que mon médecin ne vienne pas. Cependant la chaise de Desbuttes doit être arrivée à Meudon. (Il ouvre les lettres.) Ah! des félicitations sur la paix... Les imbéciles!... Ainsi, la guerre va recommencer sur quatre points à la fois... une guerre comme l'Europe n'en a pas encore vu. Si je calcule bien l'arrivée de mes instructions secrètes, déjà les Suisses doivent être en pleine révolte... Catinat va me répondre qu'il a saccagé la Savoie... Monsieur de Luxembourg doit avoir commencé à brûler Trèves... Je veux faire débarquer deux mille hommes en Irlande pour concilier Guillaume et Louis, la France et l'Angleterre... Voilà quatre volcans qui jetteront leur lave pendant au moins deux bonnes années... Mon eau!... Ah! j'ai renvoyé le page. Est-ce bizarre que Séron me laisse ainsi dans l'inquiétude au sujet du vieux chirurgien de Lavernie!

L'HUISSIER.

Pour monseigneur. (Il apporte une lettre.)

LOUVOIS.

De Desbuttes... (Il lit.) « Monseigneur!... malheur affreux!... » La chaise qui amenait notre homme, a été renversée par un » carrosse... Le chirurgien est arrivé mourant à Meudon... Si » monsieur Séron eût été là pour le saigner, on l'eût sauvé » peut-être! Mais votre médecin ne s'est trouvé nulle part. Le » vieillard est mort... Le carrosse était celui de mon parrain » Jasplin!... ». (Après un long silence de désespoir.) Nos deux fortunes se sont heurtées... la mienne croule... Oh! que dire tout à l'heure au roi? Demander un nouveau délai?... Impossible! La marquise va tout apprendre... mon silence trahira ma défaite... Elle me défiera de prouver mes accusations... J'y succomberai!... Succomber! moi!... quand je deviens indispensable!... Allons donc!... je ferai quitte pour ne rétracter devant le roi, qui m'en aura une éternelle reconnaissance. Allons, une belle bataille se prépare... Prévenons l'ennemi! (Il appelle.) Qu'on dise au roi que je suis prêt.

SCÈNE V.

LOUVOIS, LE ROI, pâle, agité. Il a ouvert la porte et attend sur le seuil.

LE ROI.

Bonjour, monsieur de Louvois.

LOUVOIS.

Sire, j'allais...

LE ROI.

Asseyez-vous... La marquise devrait être arrivée...

LOUVOIS, à part.

Qu'il est pâle. Il redoute les preuves que j'avais promises. (La Marquise entre lentement et vient s'asseoir, sa tapisserie à la main, près de la cheminée.)

LE ROI, à Louvois.

Il n'y a personne là, dans vos cabinets?... (L'Huissier ouvre la porte de droite. — Le Roi va s'asseoir de l'autre côté de la cheminée, près de la table. — L'Huissier approche du pliant de Louvois et se retire.)

LOUVOIS, à part.

Qu'y a-t-il? (Il s'assied près du Roi.)

LE ROI.

Travaillons, je vous prie.

LOUVOIS.

Mais, sire, sur quel sujet?... J'ai cru que Sa Majesté attendait de moi une communication importante?...

LA MARQUISE, à part.

Je ne veux point pâlir.

LE ROI.

Nous avons toujours des matériaux, marquis, ne fût-ce que des questions générales... L'autre jour, par exemple, à Mons, je vous ai exprimé certaines idées... sur le rétablissement de la paix... vous savez...

LOUVOIS.

Oui, sire... oui.

LE ROI.

Vous y avez réfléchi?

LOUVOIS.

Beaucoup.

LE ROI.

Et qu'avez-vous conclu?

LOUVOIS.

Que la paix est une noble et belle chimère, bien digne d'occuper la grande âme de Votre Majesté!...

LE ROI.

A la bonne heure.

LOUVOIS.

Mais, que c'est une chimère.

LE ROI.

Pourquoi?...

LOUVOIS.

Je le prouverai facilement, sire... La guerre est une nécessité pour tous les princes de l'Europe... Tous ont quelque affront à venger... quelque province à reprendre; tous haïssent ou craignent Votre Majesté.

LE ROI.

Vous croyez?...

LOUVOIS.

Votre Majesté en douterait-elle après tant de triomphes?.... n'est-ce point votre avis, madame?... (La Marquise demeure immobile.)

LE ROI.

Madame croit comme moi qu'il n'est pas de haine qui ne tombe devant une honnête conciliation...

LOUVOIS.

Où veulent-ils en venir?...

LE ROI.

Je croyais vous avoir expliqué mes intentions à cet égard...

LOUVOIS.

Oh! sire, une intention ne suffit pas en politique.

LE ROI, se levant combattu par la colère.

Mais ma volonté... suffit-elle?...

LOUVOIS.

En présence d'événements plus forts, les volontés ne valent pas plus que des intentions.

LE ROI, agité, se calme.

Ainsi, vous avez essayé de la conciliation et elle ne vous a pas réussi.

LOUVOIS.

Assurément, sire.

LE ROI.

Et monsieur de Savoie, ménagé, persiste?...

LOUVOIS.

Sans doute.

LE ROI.

Et Guillaume, sollicité à la paix, ..persiste dans la guerre?...

LOUVOIS.

Plus que jamais...

LE ROI.

Vous m'aurez du moins obéi en écrivant partout que je voulais la paix.

LOUVOIS.

Eh! mon Dieu, sire...

LE ROI, insistant.

Oui... n'est-ce pas?... répondez...

LOUVOIS.

Oui!

LE ROI, se levant.

Vous mentez!

LOUVOIS.

Sire!

LE ROI, avec éclat.

Vous mentez impudemment! traître et mauvais serviteur, vous mentez! c'est à vous que je dois ces haines, ces guerres, c'est vous qui égorgez, qui brûlez, et voici les preuves que je vous donne, moi. Car je prouve, moi... pièces en main! (Il lui montre ses dépêches.)

LOUVOIS.

Mes dépêches!

LE ROI.

Voici un projet de maltraiter tellement le duc de Savoie qu'il devienne irréconciliable, écrit par vous, signé par vous!... Voici votre dernière dépêche à Catinat: ordre de brûler, de massacrer malgré les armistices, écrit par vous, signé par vous, toujours! et saisi sur vos courriers par un de mes ennemis, qui me les envoie et me fait juge de vos crimes : voyez-vous ce nom, ce même odieux nom! Louvois... regardez!...

LA MARQUISE.

Il doit bien souffrir!

LOUVOIS.

Eh bien! quand cela serait!... quand j'aurais désobéi? Si j'ai pour but de vous rendre le maître et le Dieu de ce monde! et si je

trouve que le roi se trompe, si je ne veux pas qu'il s'abaisse devant ses ennemis, que je fais trembler?
LE ROI.
Vous me jugez, je crois?
LOUVOIS.
Il est bien des hommes qui osent mesurer le soleil... touchent-ils à sa gloire, font-ils tort à sa lumière? Je maintiens que j'ai raison. Je maintiens que c'est par la guerre qu'on peut arriver à une paix utile! Je maintiens que l'ennemi écrasé est le seul qui n'est pas à craindre, et pour écraser, il faut frapper, frapper sans pitié! Vingt-cinq ans de victoires plaident en ma faveur... Au lieu de mendier la paix, je jette le gant à toute l'Europe ; au lieu de ménager les vignes de Victor Amédée, j'écris à monsieur de Luxembourg qu'il brûle à l'instant jusqu'à la dernière maison de Trèves. Tout tremble, tout s'agenouille... Voilà ce que je voulais faire pour vous, mais en vérité, on ne saurait vous servir!
LE ROI, tremblant de fureur.
Ah!... (Il saisit la lourde barre du foyer, et s'élance sur Louvois le bras levé.)
LA MARQUISE, le désarmant.
Sire! par pitié! C'est trop! épargnez un gentilhomme!
LE ROI.
Savez-vous comment il vous traite, vous? savez-vous qu'il vous calomnie, qu'il prétend vous chasser d'ici pour mon honneur?
LA MARQUISE, égarée.
Il va répondre, je suis perdue!...
LE ROI, à Louvois.
Vous m'avez promis une preuve aujourd'hui... où est-elle? il, il me la faut... Il la faut à la marquise!... à ma femme!... (La marquise cache son front dans ses mains avec désespoir.
LOUVOIS, dévoré de douleur et de rage.
Oh!... oh!...
LE ROI.
Si vous ne me l'avez pas fournie dans une heure, marquis de Louvois, ministre de la guerre, surintendant des postes, des bâtiments, le puissant seigneur de France, y compris le roi! dans une heure, vous entendez bien, monsieur, je vous jette dans un cachot de la Bastille. En attendant, sortez de Versailles, je vous chasse!
LA MARQUISE, se jetant au-devant du Roi.
Sire! sire! (Elle l'entraîne... Louvois tombe anéanti devant la table... des sanglots inarticulés s'échappent de ses lèvres.)
LE ROI.
Vous avez raison, madame, venez!...

SCÈNE VI.
LOUVOIS, seul; puis UN OFFICIER.
LOUVOIS.
Dans une heure... dans une heure... Oui!... ils l'ont voulu!... Eh bien! dans une heure... Oh! ce sera terrible!... (Il écrit et sonne.) Mes écuyers!... (Un Officier paraît ; Louvois lui montre l'ordre qu'il vient d'écrire.) Le premier de ces deux hommes, amenez-le ici, l'autre, par la porte des entresols... dans ce cabinet... et lisez bien l'ordre!
L'OFFICIER, s'inclinant.
Oui, monseigneur... (Il sort.)
LOUVOIS.
Dans une lutte, on ne se défie jamais assez du vaincu... on ne sait pas tout ce qui peut jaillir du désespoir.
L'OFFICIER, amenant Jaspin, qu'il pousse dans la chambre.
En voici un, monseigneur!

SCÈNE VII.
LOUVOIS, JASPIN.
LOUVOIS.
Déjà! vous étiez donc près d'ici, monsieur?...
JASPIN, tremblant.
Là! tout près... oui, monseigneur... (A part.) Dans quel état, bon Dieu!... Que s'est-il donc passé!...
LOUVOIS a fermé les portes et vient s'asseoir en face de Jaspin.
Causons!
JASPIN.
Que me veut-il?...
LOUVOIS.
Monsieur, voilà très-longtemps que nous jouons l'un et l'autre une partie qu'il faut bien que l'un ou l'autre perde... J'ai souvent, grâce à vous, reçu les étrivières, faute de prendre une détermination héroïque... je ménageais encore quelque chose alors ; mais, aujourd'hui, c'est différent, je n'ai plus rien à ménager...
JASPIN.
J'entends des pas... un bruit d'armes...
LOUVOIS, ouvrant la porte de droite.
Lieutenant!... est-ce le prisonnier?...

L'ÉCUYER.
Gardé par vos écuyers, au fond de la galerie... oui, monseigneur...
LOUVOIS.
Bien! bien!... (A Jaspin.) Aujourd'hui le roi m'a insulté, chassé, menacé de la Bastille... Qu'en dites-vous?... la Bastille à moi! Louvois!... C'est comme cela... Eh bien! monsieur Jaspin, un homme tel que moi ne va pas à la Bastille ; s'il tombe, il tombe mort, je veux bien finir de la sorte ; mais avant, je me défendrai un peu, vous devez comprendre cela!...
JASPIN.
Monseigneur! je comprends, c'est-à-dire...
LOUVOIS.
J'ai une ennemie... elle tombera aussi... J'ai compté sur vous, pour m'y aider... je vous ai, je vous tiens... nul ne viendra nous interrompre... vous savez le secret de madame de Maintenon, vous me l'allez dire...
JASPIN, à part.
Je m'y attendais... (Haut.) De quel secret voulez-vous parler?
LOUVOIS.
Il y en a donc plusieurs!... Eh bien! je jure par le Dieu vivant que vous me les direz tous, jusqu'au dernier!
JASPIN.
Oh! monseigneur... vous menacez un pauvre homme...
LOUVOIS.
Si je vous menace! cordieu! Et pourquoi croyez-vous donc que je vous ai fait enlever en plein Versailles?...
JASPIN.
Si je savais des secrets dont la révélation dût nuire à ma protectrice, vous ne pensez pas que je les révélerais...
LOUVOIS.
Bah!
JASPIN.
Jamais!... Vous me tuerez, n'est-ce pas? Remarquez bien que j'ai déjà fait ma prière!
LOUVOIS.
Brute!... qui se figure que je lui ferai l'honneur du martyre!... Comme s'il m'était utile de tuer le témoin que je puis faire parler! Voulez-vous me dire le secret de la marquise... pour la dernière fois, le voulez-vous?
JASPIN.
Non...
LOUVOIS, ouvrant l'épaisse double porte du cabinet, à droite.
Regardez!
JASPIN.
Gérard!... arrêté! Mais pourquoi l'arrêter, monseigneur? il parlera encore moins que moi...
LOUVOIS, à l'Écuyer.
Vous savez mon signal?...
L'ÉCUYER.
Un coup de sonnette! (Louvois referme la porte.)
LOUVOIS, à Jaspin.
Vous devez mieux me comprendre maintenant. Vous avez vu monsieur de Lavernie, le... le favori de votre protectrice... et les quatre hommes qui le gardent. Vous avez entendu parler d'une sonnette qui doit donner un signal. Monsieur Jaspin, cette sonnette la voici ; j'en tiens le cordon, et le signal qu'elle donnera, c'est la mort de monsieur de Lavernie.
JASPIN.
Monseigneur! vous ne voudriez pas tuer mon âme!
LOUVOIS.
Si dans cinq minutes vous n'avez pas parlé, je tire cette sonnette..... ne perdez pas votre temps, la première minute s'avance...
JASPIN.
Oh!... mon Dieu! vous m'abandonnez...
LOUVOIS.
Il hésite!... il hésite!... Voilà un chrétien qui hésite entre l'orgueil d'une femme et la vie d'un homme! Pour elle, il ne s'agit que d'être ou n'être pas reine ; pour l'homme, jeune, beau, innocent, adoré, il s'agit d'être dans quelques secondes un vivant libre ou un cadavre! Regardez donc la pendule, malheureux!
JASPIN, au désespoir.
Je ne puis pourtant pas parler.
LOUVOIS.
Eh bien! misérable, tant pis pour toi! tant pis pour elle, tant pis pour lui, je retire ma parole, je vais avancer l'heure... (Il court à la sonnette.)
JASPIN, se précipitant au-devant de lui.
Arrêtez!... vous avez raison... La reine me pardonnera de lui enlever sa couronne, la mère ne me pardonnerait pas de laisser assassiner son fils.
LOUVOIS.
Son fils! il est son fils, n'est-ce pas?... le fils de madame de Maintenon!... Oh! ce secret!... le voilà donc!... Vous n'êtes

plus mon ennemi, Jaspin... Monsieur de Maintenon le fils m'est sacré! maintenant, écrivez ce que vous venez de me dire.

JASPIN.

Monseigneur!

LOUVOIS.

Allons-nous recommencer?... faites vite et clairement... (Jaspin écrit.) Bien!... ne tremblez pas... vous rédigez comme Bossuet... La joie étouffe... (Il boit un verre d'eau de Forges. Jaspin achève.) Je brûle!... signez! signez! (Il vide la bouteille. Jaspin lui tend le papier.) Eh bien, voilà le sort... voilà ce que peut la volonté!... Écrasé tout à l'heure, je suis debout maintenant... et invincible. (Appelant.) Lieutenant, le prisonnier est libre... qu'on le reconduise... Allons, j'ai encore quelques belles campagnes à faire, quelques beaux incendies à ordonner... Allons, marquise à mes pieds... tu m'as fait trop souffrir... disparais dans l'ombre et dans la honte! (A Jaspin.) Le jour du conseil de guerre, vous m'avez quitté pour courir chez la marquise, à mon tour aujourd'hui! (Il s'élance, la déclaration de Jaspin à la main.)

JASPIN.

Tout est donc fini! non! il faut que je la prévienne!... il faut que j'arrive avant lui! (Il se précipite par la porte du cabinet.)

HUITIÈME TABLEAU.

La chambre de la Marquise. — La même qu'au troisième tableau.

SCÈNE PREMIÈRE.

LA MARQUISE avec ANTOINETTE, puis MANSEAU.

ANTOINETTE, assise.

C'est bien étrange, n'est-ce pas, madame, que Gérard ne revienne pas?... tout le monde est déjà dans la galerie.

LA MARQUISE, agitée.

Étrange! Oui, tout à l'heure, lui et Jaspin se promenaient là sous mes fenêtres.

ANTOINETTE.

Le roi qui doit venir à quatre heures... s'il allait arriver et attendre!...

LA MARQUISE.

Il faut savoir en effet...

ANTOINETTE, elle se lève.

Je n'ose vous parler de monsieur Van-Graaft, de mon père... il me semble qu'en un pareil jour, sa place serait à mes côtés, mais je vois bien qu'il ne m'aime pas!

LA MARQUISE.

Vous vous trompez... il vous aime. (A elle-même.) Que le bonheur d'autrui est lourd à porter pour ceux qui souffrent!

MANSEAU, arrivant.

Vous savez la nouvelle, madame...

LA MARQUISE.

Parlez bas devant cette enfant!

MANSEAU.

Monsieur de Lavernie, monsieur Jaspin arrêtés!...

LA MARQUISE.

Arrêtés... par qui?

MANSEAU.

Par monsieur de Louvois...

LA MARQUISE.

Oh!... Il est donc le plus fort... il est donc maître de moi et de leur destinée!...

SCÈNE II.

LES MÊMES, VAN-GRAAFT.

ANTOINETTE, l'apercevant.

Monsieur!... vous!... Oh! merci!...

VAN-GRAAFT, à la Marquise.

Je vous apporte le présent de noces de Guillaume... (Un Valet dépose sur la table un riche écrin qu'il ouvre.)

LA MARQUISE, y jetant les yeux.

Une couronne!... quand je tombe dans l'opprobre...

UN HUISSIER, annonçant.

Monsieur de Louvois!

SCÈNE III.

LES MÊMES, LOUVOIS.

LOUVOIS, il est livide, frissonnant. Sa fureur a fait place à une exaltation sombre et solennelle.

Enfin!... (Apercevant Van-Graaft.) Van-Graaft!...

LA MARQUISE, à Louvois.

Que venez-vous faire chez moi?...

LOUVOIS.

Je cherche le roi, madame... Le roi, qui m'a donné rendez-vous... et j'arrive à l'heure... Madame, dans le premier emportement, je voulais user jusqu'au bout de ma victoire. Mais j'ai réfléchi; la paix m'est plus avantageuse. Réconciliez-moi avec le roi... Rétablissez-moi aujourd'hui même dans mes charges, dans mes dignités; faisons tous deux une alliance solide, et je laisse déclarer votre mariage et je vous rends ce papier. (Il montre la déclaration de Jaspin à la Marquise terrifiée.)

SCÈNE IV.

LES MÊMES, JASPIN.

JASPIN.

Trop tard!... (La Marquise le regarde; il se courbe sous ce regard désespéré.) Il allait mourir, je l'ai sauvé.

LA MARQUISE.

Vous avez bien fait.

LOUVOIS.

Les moments sont précieux, le roi vient... J'attends!...

LA MARQUISE.

Monsieur, le roi vous a disgracié parce que vous l'avez trahi. Je n'ai pas le droit de sacrifier la France et je vous rends ce papier et je vous sauver mon misérable orgueil... Dieu a décidé, je m'incline... Il vous choisit pour me frapper... je suis prête, allez!...

SCÈNE V.

LES MÊMES, GÉRARD, SEIGNEURS, OFFICIERS, COURTISANS dans la galerie.

LOUVOIS, apercevant Gérard qui passe au fond avec Antoinette.

Même devant lui?...

LA MARQUISE.

Devant lui!... Oh!...

LOUVOIS.

Vous acceptez?...

LA MARQUISE.

Non!... (On entend battre aux champs et les cris de : Vive le roi! retentissant au loin.)

LOUVOIS, à la Marquise.

Ce n'est pas moi qui serai chassé, cette fois... (Il veut courir à la rencontre du Roi; Il chancelle et tombe sur un genou, mais il se relève.) Sire!... Oh! je parlerai!... (Tout à coup il aperçoit le visage menaçant de Van-Graaft, devine la pensée qui éclate sa mort, pousse un cri et tombe mort en désignant son ennemi. — Mouvement d'horreur. — Gérard s'élance pour chercher du secours. — La Marquise se réfugie près de son prie-Dieu.)

VAN-GRAAFT.

Embrassez-moi, ma fille. (Jaspin se précipite sur le corps de Louvois et lui arrache de la main la déclaration.)

JASPIN.

O Providence!... (Des Officiers, des Courtisans amenés par Gérard soulèvent Louvois et l'emportent.)

SCÈNE VI.

LES MÊMES, LE ROI, avec une suite nombreuse.

LE ROI.

Qu'y a-t-il?

RUBANTEL.

Sire, monsieur de Louvois vient de mourir.

LE ROI.

Mort!...

LA MARQUISE.

Malheureux Louvois!

JASPIN, à la Marquise.

Et Gérard ne sait rien...

LE ROI, qui a jeté un regard oblique vers la couronne oubliée sur la table.

Voilà une couronne qui arrive à propos.

LA MARQUISE, à elle-même.

La vie... l'honneur... mon fils... et une couronne!... Tout garder serait offenser Dieu! (Elle va prendre la couronne et la dépose sur le prie-Dieu. Elle s'agenouille et prie.)

Ah! vous remerciez Dieu?

LA MARQUISE, se relevant.

Sire, je viens de jurer que je mourrai marquise de Maintenon...

GÉRARD, qui vient de recevoir Antoinette des mains de Van-Graaft.

O ma mère! toi que j'ai perdue... que n'es-tu là pour me bénir!...

LA MARQUISE, vivement.

Je vous bénis... Aujourd'hui ne puis-je pas remplacer votre mère?...

JASPIN.

Madame, quelle parole!... (Le roi salue gracieusement la nouvelle comtesse de Lavernie, que Gérard vient de lui présenter.)

LA MARQUISE, allant à Jaspin.

Je paye d'une couronne le droit de la prononcer sans remords!...

FIN.

www.ingramcontent.com/pod-product-compliance
Lightning Source LLC
Chambersburg PA
CBHW060719050426
42451CB00010B/1520